VERSUS

Julia Hintermann

Ich kommuniziere – also bin ich!

Kommunikationsmodelle · Fallbeispiele · Praxistipps

Versus · Zürich

Zur Reihe «VERSUS kompakt»

Die Bücher der Reihe «VERSUS kompakt» richten sich an alle, die sich mit geringem Zeit- und Arbeitsaufwand gründlich in ein Thema einlesen und das erworbene Wissen sofort umsetzen möchten. Das neue Format bietet gesichertes Fachwissen, von Experten geschrieben, auf knappem Raum und in gut verständlicher Sprache, mit zahlreichen Querverweisen, Anwendungsbeispielen und Praxistipps. Die einzelnen Bände setzen sich grundsätzlich aus drei Teilen zusammen:

- Der *erste Teil* enthält eine Einführung, die einen Überblick über die wichtigsten Fragen und Probleme des Gesamtthemas gibt.
- Im *zweiten Teil* werden einzelne Themen, Modelle und Instrumente vertieft behandelt und mit Beispielen und Praxistipps veranschaulicht. Die einzelnen Stichwörter sind alphabetisch geordnet und werden jeweils auf einer Doppelseite erläutert.
- Der *dritte Teil* enthält Fallstudien oder Beispiele.

Auf der *Website* zur Buchreihe (www.versus-kompakt.ch) können Sie Formulare und Checklisten abrufen, downloaden und ausdrucken, die Sie in der Praxis verwenden können. Hier finden Sie zudem Lösungsvorschläge zu den Fallstudien.

Folgende Symbole helfen Ihnen, sich im Buch zurechtzufinden:

▶ Zahlreiche Querverweise auf die Stichwörter im zweiten Teil erleichtern die Orientierung, machen Zusammenhänge sichtbar und geben die Möglichkeit, zu einzelnen Themen und Sachverhalten die vertiefenden Informationen rasch und einfach zu finden.

Bei der Lupe finden sich vertiefende Texte. Dies können Beispiele, Exkurse, Regeln, Übungen oder Interviews sein.

Die Glühbirne ist das Symbol für die Praxistipps, die Ihnen dabei helfen, das Gelesene umzusetzen.

Beim aufgeschlagenen Buch finden Sie weiterführende Literaturtipps und -empfehlungen sowie Weblinks.

Bei der Hand mit Stift finden sich Fragen oder Aufgabenstellungen zu den Fallbeispielen im dritten Teil. Zahlreiche Querverweise zeigen, wo Sie mögliche Antworten finden.

Was erwartet Sie in diesem Buch?

Das Selbstbewusstsein hängt unmittelbar mit dem Kommunikationserleben zusammen – Kommunikation mit anderen Menschen und mit sich selbst. So wie es Descartes für das Denken formuliert hat: Ich denke, also bin ich (cogito, ergo sum). Indem ich denke – oder kommuniziere – werde ich mir meiner selbst bewusst.

Kommunikationsfähigkeit ist eine Schlüsselkompetenz sowohl in der beruflichen Zusammenarbeit wie auch im privaten Zusammenleben. Sich richtig ausdrücken und andere Menschen richtig verstehen ist ein hoher Anspruch und gleichzeitig die Basis für ein erfolgreiches Miteinander. Die permanente Verbesserung der eigenen Kommunikationsfähigkeit ist daher ein lohnender Prozess.

Mit welchen Methoden das Kommunikationsverhalten am besten beeinflusst werden kann, ist eine offene Frage. In diesem Buch wird der Ansatz verfolgt, den Kommunikationsprozess zu verstehen, um über das Bewusstsein das eigene Kommunikationsverhalten selbstbestimmt gestalten zu können. Der Vorgang des Kommunizierens steht im Zentrum und wird von verschiedenen Seiten beleuchtet:

1. Was ist Kommunikation?
2. Wie kommuniziert der Mensch?
3. Welche Bedeutung hat das soziale Umfeld für die Kommunikation?
4. Was passiert während des Kommunizierens?
5. Wie kann Kommunikation beeinflusst werden?

Behandelt wird in erster Linie die direkte mündliche Kommunikation, da in dieser ▶ Kommunikationsform alle relevanten Aspekte zum Tragen kommen.

Dieses Buch richtet sich an Führungskräfte und alle, die ihre Kommunikation verbessern wollen. Es eignet sich sowohl für den Einsatz in Kursen wie auch zum Selbststudium. Das Buch ist als Einführung konzipiert: Es werden allgemeine Grundlagen der Kommunikation vorgestellt, die sich beruflich wie privat anwenden lassen.

Aus Gründen der Lesbarkeit habe ich ausschließlich die männliche Form verwendet, die jedoch ausdrücklich alle Leserinnen mit einschließt. Ich wünsche allen Lesenden eine anregende und vergnügliche Lektüre.

Arlesheim, im Juli 2010 — Julia Hintermann

Inhaltsverzeichnis

Kommunikation im Überblick

Kommunikation von A bis Z

Kommunikation: Beispiele

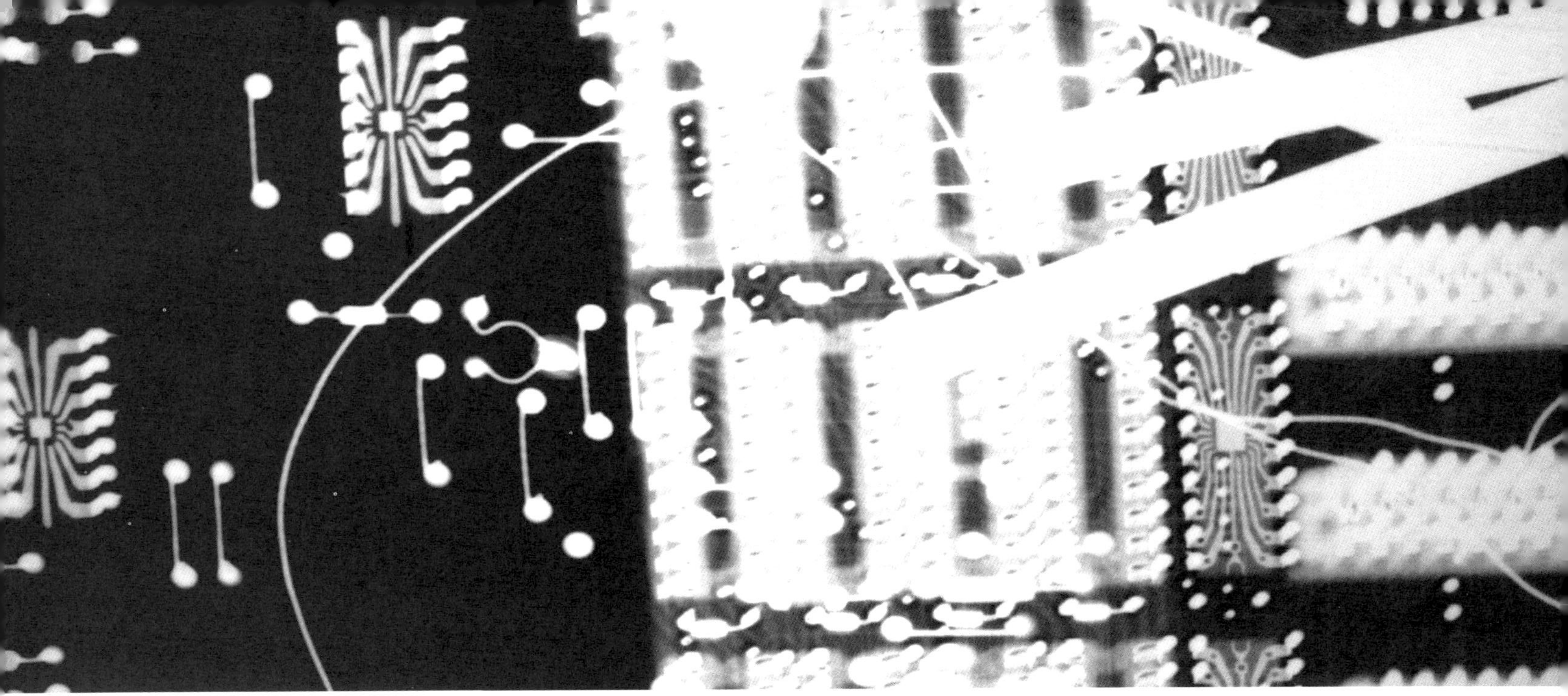

Kommunikation im Überblick

1 Was ist Kommunikation?

Kommunikation ist ein facettenreicher, vielschichtiger und oft unscharf verwendeter Begriff, der zudem in den unterschiedlichsten Bereichen Anwendung findet (▶ Kommunikationsbegriffe). «Kommunikation umfasst den gesamten Prozess der Informationsübermittlung zwischen Menschen in allen seinen Spielarten. Sie umfasst sowohl die Information selbst, die gegeben und empfangen wird, die Art, wie diese Information benutzt wird, sowie auch die Bedeutung, die Menschen der Information geben.» (Satir 2010a, 80)

Im alltäglichen Wortgebrauch ist mit Kommunikation meist die zwischenmenschliche Verständigung gemeint. Während Information nur in eine Richtung fließt (vom Sender zum Empfänger), ist Kommunikation ein wechselseitiger Austauschprozess, in dem Sender und Empfänger permanent die Rollen wechseln und in ihren Aussagen aufeinander Bezug nehmen. Schon allein in dieser recht einfachen Definition stellen sich Fragen nach Inhalt und Zweck des Austauschs, nach dem Ablauf und seinen Regeln, nach beeinflussenden Größen und den Rahmenbedingungen. Einzelne Facetten dieses Alltagsbegriffs sollen anhand von zehn Thesen verdeutlicht werden.

These 1: Kommunikation ist die gegenseitige Vermittlung von Inhalten

Wenn wir miteinander reden, wollen wir uns gegenseitig Inhalte mitteilen (▶ Sender-Empfänger-Modell, ▶ Verständigung). Dadurch vergrößert sich der Wissensstand der Kommunizierenden. Dieser Informationsaustausch wird oft als eigentlicher Sinn der Kommunikation angesehen.

These 2: Kommunikation hat einen Zweck

Aussagen haben in der Regel drei Ebenen, die es zu entschlüsseln gilt:

1. Was der Sprecher inhaltlich sagt: Der sachliche Informationsgehalt einer Aussage ist die Basis, auf der das Gespräch aufbaut und sich entwickelt.
2. Was er damit meint: Mit dem inhaltlichen Verstehen ist noch nicht geklärt, ob der Sprecher seine Aussage ernst oder ironisch meint oder eine unterschwellige Botschaft darin verpackt hat. Diesen Kommentar liefern meist körpersprachliche Signale (z.B. der Gesichtsausdruck oder ein Augenzwinkern).

3. Was er damit beim Zuhörer bewirken will: Motivation und Absicht von Äußerungen in einem Gespräch werden relativ selten thematisiert. Sie müssen den Kommunizierenden auch nicht voll bewusst sein. Eine Wirkung erzielen Aussagen trotzdem. Kommunikation kann auch als wechselseitiger Beeinflussungsvorgang verstanden werden.

Der beabsichtigte oder unbeabsichtigte Zweck einer Aussage beeinflusst die Reaktion des Empfängers und damit den Gesprächsverlauf. In der kleinsten kommunikativen Einheit – dem Sprechakt – ist bereits viel Unausgesprochenes enthalten. Werden die mitgelieferten Botschaften nicht richtig entschlüsselt, kann sich dies störend auf die Kommunikation auswirken.

These 3: Kommunikation ist eine Form des Verhaltens

Wir kommunizieren immer, auch wenn wir nichts sagen oder das Gespräch verweigern und schweigen (Beispiel **1**). Genauso wenig können wir uns nicht *nicht* verhalten (Watzlawick et al. 2007, 52). Wie wir einen Raum betreten, wen wir ansehen, wann wir uns abwenden, welchen Gesichtsausdruck wir haben und wie unsere Körperhaltung ist, teilt sehr viel über unsere Befindlichkeit mit. Gesten des Respekts, der Höflichkeit oder der Vertraulichkeit machen die Beziehung zu den Anwesenden deutlich. Kommunikation hat nicht nur einen Inhalts-, sondern auch einen Beziehungsaspekt (Watzlawick et al. 2007, 53f.), der nicht mit Worten ausgedrückt werden muss.

1

Die Botschaft des Schweigens

Wer nicht spricht, sendet eine unklare Botschaft. Sie kann heißen:
- Lass mich in Ruhe.
- Du bist für mich uninteressant.
- Ich habe zu dem Thema nichts zu sagen oder will mich nicht dazu äußern.
- Ich mag dich nicht.
- Finde heraus, warum ich nicht mit dir rede.

Durch Kommunikation kann eine Botschaft geklärt werden. Das Schweigen überlässt den anderen die Aktivität. Im positiven Sinn gibt es den anderen die Chance, selber nachzudenken und sich einzubringen. Im negativen Sinn hat es Aufforderungscharakter und einen moralischen Beigeschmack.

These 4: Kommunikation ist ein Spiel

Kommunikation kann Spaß machen und auf angenehme Art die Zeit vertreiben. Sie kann aber auch zu einem Spiel werden mit Gewinnern und Verlierern. Und nicht jeder nimmt eine Niederlage sportlich. Gerade leichtfertig eingeworfene Bemerkungen können zu schweren Verstimmungen führen, wenn der Gegenspieler den «Ball» verpasst.

Kommunikation vollzieht sich nach Regeln eines Spiels, doch wird Kommunikation nicht als Spiel angesehen – genauso wenig wie das Leben im Allgemeinen. In folgendem Aphorismus kommt diese Paradoxie zum Vorschein: «Das Leben ist ein Spiel, dessen Spielregel Nr. 1 lautet: Das ist kein Spiel, das ist todernst.» (Alan Watts, zit. nach Watzlawick 2009, 125)

These 5: Kommunikation ist eine zwischenmenschliche Begegnung

Ein Gespräch bietet eine Fülle an Wahrnehmungen, die gar nicht alle gleichzeitig verarbeitet werden können: Das Gehörte und Gesagte, die Körpersprache, innere Wahrnehmungen wie Erinnerungen, Bilder und Vorstellungen, die durch irgendetwas hervorgerufen werden, die eigene und die fremde Befindlichkeit und nicht zuletzt Dinge und Vorgänge in der jeweiligen Umgebung. Im Gespräch begegnen sich Individuen mit ihren ganz persönlichen Sichtweisen, Erfahrungen und Wünschen. Die Individuen können die Chance nutzen, sich gegenseitig besser kennen und verstehen zu lernen. Das gegenseitige Kennenlernen kann zu einer Bereicherung werden, kann aber auch Irritationen verursachen. Individualitäten treffen aufeinander, oft ohne Anleitung, wie mit der Andersartigkeit umzugehen ist.

These 6: Kommunikation ist ein kreativer Vorgang

Weil es immer wieder Neues gibt, für das eine Bezeichnung erfunden werden muss, müssen Menschen kreativ sein (Beispiel **2**). Mit dem Namen erhält das Neuartige eine Gestalt, wird unterscheidbar und gliedert sich in die Wirklichkeit derjenigen ein, die mit diesem Begriff zu tun haben (▶ Konstruktivismus). Für ein kollektives Wirklichkeitserleben muss über die Wahrnehmungen gesprochen werden, damit sie im Bewusstsein aller präsent sind (Beispiel **3**).

Auch im Gespräch sind Menschen kreativ, selbst wenn sie sich nicht bewusst sind, dass sie Wirklichkeiten schaffen. Im Wechsel-

Der Elchtest 2

Im Oktober 1997 kippte ein Mercedes der damals neuen A-Klasse beim Fahrdynamik-Test in Schweden auf die Seite und blieb auf dem Dach liegen. In Schweden wird dieser Test «Elchtest» genannt. Die Nachricht erregte großes Aufsehen in Deutschland und das Wort fand sofort Eingang in den Sprachgebrauch. Seither kann «Elchtest» verallgemeinernd für jede Art von Bewährungsprobe verwendet werden.

Farben 3

In unseren Breitengraden ist es ausreichend, Schnee mit weiß und Sand mit beige zu beschreiben. Eskimos und Bewohner von Wüstenregionen kennen aus unserer Sicht unbegreiflich viele Farbnuancen. Die Notwendigkeiten ihres Alltags fordern differenzierte Bezeichnungen.

spiel der Redebeiträge weben sie gemeinsam wie an einem «Gesprächsteppich», bis er eine ihnen entsprechende Form erhält (▶ Rückkopplung). Die Gesprächsteilnehmer konstruieren dadurch eine neue gemeinsame Wirklichkeit, auf die sie in Zukunft immer wieder Bezug nehmen und an denen sie ihre Handlungen ausrichten können (▶ Konstruktivismus).

These 7: Kommunikation ist ein Schauspiel

Die Sprache ist zwar ein wesentliches, aber nicht das einzige Element der Kommunikation. Jegliches Verhalten – sei es der Blickkontakt, die Stellung im Raum, die Sitzordnung bei Tisch, Gesten und Handlungen jeder Art – teilt etwas über die Person und ihr Verhältnis zu anderen Personen mit. Auf der nonverbalen Ebene kann sich ein Theaterstück abspielen, das einer ganz anderen Regie folgt als die verbale Argumentation.

Die Gesprächspartner übernehmen – oft ohne es zu bemerken – bestimmte Rollen (▶ Rollentheorien). Wenn jemand das Gespräch zu optimistisch eröffnet, wird sein Gegenüber wahrscheinlich eine realistische Haltung annehmen. Ein Dritter spielt daraufhin vielleicht eine ausgleichende Rolle. Die jeweiligen Rollen sind meist nicht im Voraus festgelegt, sondern ergeben sich durch den Gesprächsverlauf und bestimmen seine Dramaturgie.

These 8: Kommunikation ist ein gesellschaftliches Ereignis

Kommunikation ist ein Auftritt in Gesellschaft und wird von den Anwesenden als solcher wahrgenommen und kommentiert. Kriterien für den Kommentar sind kulturell geprägte gesellschaftliche Umgangsformen, mit denen das aktuelle Auftreten einer Persönlichkeit verglichen wird. Der Einzelne orientiert sich in seinem Verhalten ebenfalls an dem, was er als korrektes Verhalten gelernt hat. Der soziale Kontext beeinflusst sowohl die Art und Weise des Kommunizierens und wie auch den Gesprächsverlauf.

Für gewisse immer wiederkehrende Situationen haben sich gesellschaftliche Regeln entwickelt (z.B. für Begrüßung oder Verabschiedung). Diese Rituale vereinfachen das Zusammenleben, weil die Interpretation der Gesten und Worte eindeutig ist. Wird eine Begrüßung nicht ausgesprochen oder die Verabschiedung unterlassen, sind dies Akte grober Unhöflichkeit. Was genau in diesen Standardsituationen gemacht werden muss, ist jedoch nicht generell und global festgelegt, sondern variiert je nach ▶ Kultur.

These 9: Kommunikation ist komplex

Was bei einem Gespräch herauskommt, kann nicht wirklich vorausgesagt werden. Der Kommunikationsprozess ist ein komplexer Vorgang mit vielen Variablen, die in undurchschaubarer Weise aufeinander wirken. Zu diesen Variablen gehören

- die am Gespräch Beteiligten mit ihren Kenntnissen, Erfahrungen, Gefühlen, Absichten und ihrer aktuellen Befindlichkeit,
- der Gesprächsinhalt mit seiner Dynamik,
- die nonverbale Kommunikation,
- die gegenseitigen Erwartungen aneinander,
- die Besonderheit der Situation,
- der Einfluss Dritter, die in den Köpfen der Kommunizierenden mit ihren Urteilen oder Wünschen präsent sein können.

Außerdem beeinflusst jede anwesende Person das Geschehen. Selbst ein unbeteiligter Beobachter von außen ergreift unwillkürlich Partei und ist also nicht wirklich neutral.

Der Kommunikationsprozess kann in dieser Komplexität nicht wirklich gesteuert werden. Das heißt, welchen Verlauf die Kommunikation nimmt, welche Ergebnisse erzielt werden und welchen Eindruck die Kommunizierenden im Nachhinein davon zurückbehalten, kann nicht mit Bestimmtheit vorausgesagt werden. Beeinflussen lässt sich der Prozess hingegen schon.

These 10: Kommunikation ist ein Risiko

Angesichts dieser Vielfalt von Einflussfaktoren grenzt es an ein Wunder, wenn Kommunikation gelingt. Für den Einzelnen ist es nicht ungefährlich, sich in den Austausch mit anderen zu begeben:

- Wer sich auf ein Gespräch einlässt, muss damit rechnen, dass er Dinge erfährt, die sich mit seinem *Weltbild* nicht vereinbaren lassen. Man kann diese Informationen natürlich auch übergehen. Sonst wird man Zeit und Energie für die Gegenargumentation aufwenden müssen. Schlimmstenfalls kommt die eigene innere Welt ins Wanken oder kann sogar zusammenstürzen.
- Es gibt unendlich viele Möglichkeiten, aneinander vorbeizureden. ▶ *Missverständnisse* entstehen schnell, weil Sprache nicht eindeutig ist. Es passiert meist unbemerkt, dass bei Unklarheiten nicht nachgefragt und stattdessen irgendeine Annahme getroffen wird. Oft werden Missverständnisse erst aufgeklärt, wenn sich schon ein veritabler Konflikt entwickelt hat.
- Menschen sind *verletzbar.* Durch Kommunikation können Wunden geheilt, aber auch zugefügt werden. Nicht immer gelingt es den Kommunizierenden, sich gegenseitig mit dem nötigen Feingefühl zu behandeln.
- *Gefühle* spielen in der Kommunikation immer eine Rolle. Sie geben dem Gespräch Dynamik, machen den Umgang miteinander aber nicht unbedingt einfacher. ▶ Gefühle können sich bis zur Heftigkeit von ▶ Emotionen steigern, alles durcheinanderbringen und ein beispielloses Chaos anrichten.

Ein Risiko birgt immer auch eine Chance. Durch Kommunikation können Brücken gebaut und bisher unbekannte Welten eröffnet werden.

2 Wie kommuniziert der Mensch?

Der komplexe Kommunikationsvorgang hängt eng mit der menschlichen Physiologie und Psyche zusammen. Daher soll zunächst betrachtet werden,

- wie Menschen Wahrnehmungen verarbeiten,
- wie Gefühle den Menschen und die Kommunikation beeinflussen und
- was durch die Körpersprache ausgedrückt wird.

2.1 Wie werden Wahrnehmungen verarbeitet?

Eine Wahrnehmung ist ein mit den Sinnen (Sehen, Hören, Riechen, Schmecken, Tasten) aufgenommener Eindruck. Wahrnehmungen werden individuell verarbeitet. Das will heißen: Welche Wahrnehmung bei welcher Person zu welcher Erkenntnis führt, ist nicht vorauszusehen. Welche Musik schön, welcher Wein gut oder welches Buch lesenswert ist – an diesen Fragen scheiden sich die Geister. Wahrnehmungen treffen auf eine individuelle Welt und erhalten dort einen Platz zugewiesen. Dieser Ort wird von den persönlichen Erfahrungen, Überzeugungen, dem Kenntnisstand, der aktuellen Verfassung sowie den Wünschen und Zielsetzungen eines Menschen bestimmt. Der Vorgang, dass Wahrnehmungen in die persönliche Innenwelt eingeordnet werden müssen, um einen Sinn zu erhalten, ist jedoch allgemeinmenschlich (▶ innere Bilder).

Passt etwas *sinnlich Wahrgenommenes* nicht in die innere Vorstellungswelt hinein, kommt es zu einer ▶ kognitiven Dissonanz. Dies ist ein ziemlich unangenehmer Spannungszustand, der nach Auf-

4

Wie geht ein Perfektionist mit Kritik um?

Er kann

- sie einfach überhören, (4)
- sagen, dass er zu einem späteren Zeitpunkt darauf zurückkommen wird (und dies nicht tun), (4)
- sich für das Interesse an seiner Person bedanken und den Rest wegblenden, (2)
- sie relativieren und die kritisierten Verhaltensweisen als nebensächlich, unbedeutenden Fehler oder wegen bestimmter Umstände für unumgänglich darstellen, (3)
- sie dankbar aufnehmen, um noch perfekter zu werden. (1)

lösung verlangt. Grundsätzlich gibt es folgende Möglichkeiten, wieder Harmonie zwischen außen und innen herzustellen (Beispiel **4**):

1. Die Vorstellungen werden korrigiert. Dieser Vorgang ist ein Lernprozess (▶ Rückkopplung), der relativ aufwendig ist, da nicht nur das neue Wissen eingepasst, sondern auch das, was begrifflich damit zusammenhängt, neu vernetzt werden muss (▶ innere Bilder).
2. Die Wahrnehmung wird nur teilweise (selektiv) aufgenommen, nämlich nur der Teil, der zu den inneren Bildern passt.
3. Die Wahrnehmung wird umgedeutet und beispielweise als unwichtiges Detail, als kleiner Fehler oder als Ausnahme erklärt. Verkleinerung und Abwertung machen Abweichungen entschuldbar.
4. Die Wahrnehmung wird zurückgewiesen und einfach übersehen, ignoriert oder vergessen.

Selektive Aufnahme, Umdeutung und Zurückweisen der Wahrnehmungen ersparen den inneren Anpassungsprozess. Die persönliche Ansicht muss daraufhin nicht grundsätzlich in Frage gestellt werden (Beispiel **4**).

Ist eine *Tat* nicht in Übereinstimmung mit den eigenen Wertvorstellungen, so tritt ebenfalls eine ▶ kognitive Dissonanz auf. Man kann sich dann für eine andere Handlung entscheiden oder man verändert die Einstellung ihr gegenüber. Ein ökologisch orientierter Mensch beispielsweise, der für eine kurze Strecke das Auto benutzen möchte, kann dies entweder nicht tun oder – wenn er es tut – dies als Ausnahme deklarieren. Sonst müsste er sein Selbstbild verändern. Tut eine andere Person etwas Ungewöhnliches, dann wird die kognitive Dissonanz meist dadurch gelöst, dass ein Entschuldigungsgrund gesucht oder das Bild von dieser Person korrigiert wird (Beispiel **5**).

Die Frage, warum Kollege Quassel (Beispiel **5**) plötzlich so schweigsam ist, beschäftigt den Kollegenkreis zu Recht. Denn er hat bei ihnen eine kognitive Dissonanz ausgelöst. Da Quassel seine Gründe nicht offenlegt, sind die Kollegen auf Mutmaßungen angewiesen, um die neue Situation zu verstehen. Wenn sichere Informationen fehlen, wird der Mensch erfinderisch: Er trifft für sich plausible Annahmen und baut eine schlüssige Erklärungskette auf (▶ Attributionen). Es ist anzunehmen, dass in diesem Betrieb viele Erklärungsmuster entwickelt werden, die mit dem Beweggrund von Quassel nicht unbedingt übereinstimmen.

5

Rätselraten

Kollege Quassel ist betriebsintern bekannt für seine Redseligkeit. Nicht unbedingt unangenehm, aber zeitraubend. Kaum zu stoppen ist sein Redefluss an Meetings. Der Kollegenkreis als Publikum wirkt auf ihn stimulierend. Bei der letzten Projektleitersitzung fasste sich Quassel jedoch kurz und beschränkte sich aufs Nötigste. Mit dem Erfolg, dass die Sitzung fast chaotisch und ergebnislos verlief.
Am nächsten Tag war seine abrupte Veränderung Thema Nummer eins: «Hast du schon gehört? Quassel spricht nicht mehr.» Von allen Seiten wurde er darauf angesprochen, ob es ihm gut gehe, er gesund sei oder ihn etwas bedrücke. Quassel wusste nicht recht, was er dazu sagen sollte, denn im Grunde genommen hatte er einfach keine Lust gehabt, sich zu äußern. Er hat auch keine Lust, mit den Kollegen darüber zu diskutieren, dass immer er den Karren ziehen müsse. Um weiteren Nachfragen zu entgehen, gab er zur Antwort: «Ich bin verliebt.» Das löste natürlich bei der Belegschaft das große Rätselraten aus, was das für eine Frau sei, die Quassel zum Schweigen bringen könne.

Effizientes Handeln im Alltag erfordert eine schnelle Informationsverarbeitung. Dieser Umstand macht verständlich, warum einfache Ursachenerklärungen (Attributionen) bevorzugt werden. Es ist jedoch eine menschliche Eigenart, dass an den eigenen Erklärungsmustern festgehalten wird, selbst wenn diese durch Tatsachen widerlegt werden sollten (Beispiel **6**).

Da innere Bilder die Wahrnehmung lenken und nach Möglichkeit Widersprüchliches ausgeblendet wird, tritt die paradoxe Situation ein, dass die eigene Ansicht immer wieder bestätigt wird (selbsterfüllende Prophezeiung). Die ▶ inneren Bilder prägen unsere ▶ Einstellung zur Welt und den Mitmenschen und wirken damit auf unser Verhalten (Beispiel **7**).

6

Die verscheuchten Elefanten

Ein Mann klatscht alle zehn Sekunden in die Hände. Nach dem Grund für dieses merkwürdige Verhalten befragt, erklärt er: «Um die Elefanten zu verscheuchen.»
«Elefanten? Aber es sind doch hier gar keine Elefanten?»
Darauf er: «Na also! Sehen Sie?»

Abwehr oder Vermeidung einer gefürchteten Situation oder eines Problems stellt einerseits die vernünftigste Lösung dar, garantiert andererseits aber das Fortbestehen des Problems.

Watzlawick 2009, 53–54

Erfolgreiche Partnerschaften

Studien über den Zusammenhang von Attributionen und dem Zusammenhalt in Partnerschaften ergaben, dass bei glücklichen Partnerschaften angenehme Charaktereigenschaften und positives Verhalten deutlich häufiger dem Partner zugeschrieben werden. Für negative Eigenschaften und Verhaltensweisen werden eher externe Umstände verantwortlich gemacht.

Negativ wirken die inneren Bilder im Kopf, wenn sie sich zu fixen Vorstellungen (Vorurteile, Klischees) verfestigen. Dann stellen sie Barrieren für die zwischenmenschliche ▶ Verständigung dar. Es ist ein Zeichen von geistiger Frische, wenn die Vorstellungswelt gelegentlich abgestaubt, neu geordnet und von unbrauchbar gewordenen Vorurteilen befreit wird sowie neue Konstruktionen erhält.

2.2 Wie wirken Gefühle?

Wahrnehmungen beanspruchen nicht nur den Verstand, um sie richtig einordnen zu können, sondern regen auch die Gefühlswelt an. Der Anblick eines Bergpanoramas, Lavendelduft, ein Kuss, eine Verletzung oder ein Lob lösen unmittelbar ▶ Gefühle aus. Gefühle sind die nicht rationale Reaktion auf Erlebtes und Erinnertes. Sie beeinflussen wiederum den Körper in seinem Wohlbefinden und können diesen sogar ziemlich durcheinanderbringen.

Der Körper mit seinen Bedürfnissen macht sich erst einmal über Gefühle bemerkbar. Eine Verletzung wird als Schmerz wahrgenommen. Dann erst wird der Verstand aufgerufen, nach einer Lösung für die Beseitigung der Schmerzursache zu suchen. Gefühle haben also eine vermittelnde Funktion zwischen Körper und Geist.

Gefühle werden als innerlich erlebter Zustand beschrieben. Sie sind die subjektive, unverwechselbare, intime Seite der Persönlichkeit. Bewusst werden Gefühle häufig erst dann, wenn die Aufmerksamkeit auf sie gerichtet wird oder sie sich stark verändern. Irgendwelche Gefühle sind immer vorhanden, selbst wenn es einige Anstrengung kostet, genau zu benennen, um welches Gefühl es sich gerade handelt. Deutlich wahrnehmbar sind hingegen die heftigen Gefühle (▶ Emotionen).

Gefühle dirigieren aus dem Verborgenen heraus Denken und Handeln. Trauer trübt zum Beispiel den Blick für das Erfreuliche. Freudige Erwartung wiederum konzentriert die Gedanken auf das

8 **Rote oder grüne Ampeln?**

Die aktuelle gefühlsmäßige Verfassung lenkt die Wahrnehmung. Autofahrer in fröhlicher Grundstimmung freuen sich im Stadtverkehr über die grüne Welle und nehmen die paar roten Ampeln locker in Kauf. Autofahrer mit einer ärgerlichen Verstimmung bemerken hingegen vor allem die roten Ampeln und blenden die grünen einfach aus.

Über die gelenkte Wahrnehmung lässt sich aber auch die Stimmung beeinflussen. Wer sich bewusst auf die grünen Ampeln konzentriert, hebt seine Stimmung.

bevorstehende Ereignis. Gefühle bestimmen auch, was wir wahrnehmen. Sie filtern das für sie Unwichtige aus (Gehm 2006, 63–67; Beispiel **8**).

Im Gespräch entstehen Gefühle als Reaktion auf Gehörtes. Gefühle lenken die Unterhaltung in bestimmte Richtungen, machen es möglich, dass über bisher gemiedene Themen gesprochen werden darf, oder verunmöglichen eine sachliche Diskussion. Über Gefühle zu sprechen, ist nicht ganz einfach: Sie sind begründet, aber nicht logisch; sie verändern sich laufend und sind daher schwerer zu fassen als Dinge der Objektwelt. Unmittelbar drücken sich Gefühle in der Körpersprache aus.

2.3 Was «sagt» die Körpersprache?

Der Körper ist ein reichhaltiges Instrument, um mitzuteilen, wie es einer Person innerlich geht (nonverbale ▶ Signale). Gefühle verursachen unmittelbar und unwillkürlich Gesten, die Mimik spielt mit, die Haltung passt sich an und das Timbre der Stimme koloriert den Gefühlsausdruck.

In der Kommunikation wird die Körpersprache vom Gesprächspartner wahrgenommen und beeinflusst ihn in seiner Gesprächsführung. Ein erstaunter Blick kann das Gegenüber dazu veranlassen, seine Aussage zu wiederholen, ein Lachen ermuntert ihn weiterzumachen und eine unpassende Nebenhandlung wird ihn zum Schweigen bringen. Mit körpersprachlichen Signalen wird angezeigt, was inhaltlich wichtig ist (durch die Betonung), wie etwas gemeint ist (z.B. als Scherz oder Aufforderung) und wann die Rede zu Ende ist (meist durch Absenken der Stimme, Schweigen und Veränderung der Blickrichtung).

Vergessen geht oft, dass man auch selbst Teil des Geschehens ist. Meine Gesprächspartner beobachten meine Reaktionen genauso aufmerksam wie ich ihre. Weil wir unseren Gesichtsausdruck nicht von außen sehen, bleibt uns so mancher Gesprächsverlauf rätselhaft.

In Übereinstimmung mit dem Gesprächsinhalt oder losgelöst davon führen die Körper der Kommunizierenden miteinander einen «Gesten-Tanz» auf. Eine gute Beziehung ist daran erkennbar, dass die Körperbewegungen im Gespräch immer ähnlicher werden. Die innere Übereinstimmung harmonisiert auch die Körper.

Die *emotionale* Qualität eines Gesprächs und die Art der *Beziehung* werden über feine nonverbale Signale gesteuert, insbesondere über den Blick und die Mimik (Merten 2003, 161f.). Das Problem dabei ist, dass nonverbale Signale genauso wenig eindeutig sind wie Wörter. Bei der Interpretation dieser Zeichen kann man sich täuschen. Um das Gesagte und die Gesprächspartner richtig einschätzen zu können, ist es daher wichtig, auf Zeichen der Echtheit (Authentizität), Glaubwürdigkeit und Vertrauenswürdigkeit zu achten:

- *Authentizität:* Die Körpersprache unterstützt und verdeutlicht Aussagen. Normalerweise ist sie in Einklang mit dem Inhalt des Gesagten. Bei Unstimmigkeiten wird oft der Körpersprache das größere Gewicht gegeben. Sagt jemand beispielsweise mit gleichgültiger Stimme: «Ich freue mich, Sie zu sehen», so lautet die Interpretation eher: Er freut sich nicht.
- *Glaubwürdigkeit:* Der mehr oder weniger glaubwürdige Eindruck, den eine Person macht, entscheidet darüber, inwieweit die Kommunikation mit ihr Sinn macht. Elemente der Glaubwürdigkeit sind die Übernahme von Verantwortung für gestellte Aufgaben, das Bewusstsein für die Konsequenzen aus dem eigenen Handeln, die Bereitschaft, Probleme anzugehen, das Bemühen um Akzeptanz und die Verwirklichung postulierter Ziele (Thommen 2003, 47). Dazu gehört auch die Fähigkeit, Fehler und Schwächen zuzugeben.
- *Vertrauenswürdigkeit:* Die wahrgenommene Vertrauenswürdigkeit einer Person bestimmt, wie offen und vorbehaltlos mit ihr kommuniziert wird (▶ Vertrauen). Vertrauenerweckende Gestik ist eher zurückhaltend, die Stimme sonor (nicht gepresst) und der Blick offen. Vertrauenswürdige hören aufmerksam zu, wählen ihre Formulierungen sorgfältig, gehen auf Wünsche anderer ein und zeigen Hilfsbereitschaft, sie haben ein gutes Gedächtnis (das Verlässlichkeit suggeriert) und Humor (Schmid 2009, 22). Es

sind also nicht Ehrlichkeit, Überzeugungskraft und Selbstsicherheit, sondern Verhaltensweisen, die den anderen Menschen mit seinen Bedürfnissen mit einbeziehen. Vertrauenswürdig wirkt, wer anderen Menschen Einblick in sein Gefühlsleben gibt, sodass sie miterleben dürfen, was ihn im Moment bewegt. Auch wer es nicht ehrlich meint, verrät sich durch seine Körpersprache. Ob Vertrauen entsteht oder nicht, ist oft eine Frage von Momenten. Sicher ist nur, dass dabei die Körpersprache eine entscheidende Rolle spielt (Beispiel **9**).

9

Die Kraft der nonverbalen Kommunikation

Kommunikation beschränkt sich ja bei weitem nicht auf das Gesagte, auf Auge und Ohr. Und vor allem der Zuschauer nimmt nicht nur den Wortinhalt wahr. Wir Menschen können zwischen den Zeilen lesen und sowohl den Stil des Sprechens als auch Ungesagtes mitauswerten.

Ein eindrückliches Beispiel von der Kraft solcher Kommunikation und Körpersprache erlebte ich am ersten Tag nach dem M-11-Unfall vor Halifax. Sowohl Konzernchef Bruggisser als auch Airline-Boss Jeff Katz traten im Fernsehen auf. Die glaubwürdige und sichtbare Betroffenheit Bruggissers vor laufender Kamera beeindruckte nicht nur das Gros der Angestellten und scharte es augenblicklich und lang anhaltend hinter ihn, sondern war wohl mitentscheidend dafür, dass uns die Kunden in der Folge ihr Vertrauen nicht im Geringsten entzogen. Das Interview der Journalistin mit Katz hingegen, der bereits als Mitpassagier im Airbus saß, der die Angehörigen nach Halifax fliegen sollte, erwies sich für mich in umgekehrtem Sinne erschütternd. Bislang hatten wir den Amerikaner, der damals die Fluggesellschaft führte, vor allem als geschickten Plauderer erfahren, der pünktlich jeden Montag seine amüsante, wenn auch meist oberflächliche Präsidentenkolumne «Good Morning Swissair» an die Anschlagbretter des ganzen Betriebes hängen ließ. Auch hier nun, vor dem Mikrofon und im Bild, kamen ihm die Sätze leicht und elegant und vordergründig einfühlsam über die Lippen. Ich empfand jedoch Entsetzen, als ich sah, wie Katz jedes Mal seine Augen kräftig zusammenkniff, wenn er etwas ganz Wichtiges sagte. Konnte er denn nicht zu dem Gesagten stehen? Wollte er sein eigenes Wort im Raum nicht sehen, weil er es selbst als unwahr empfand? Es war Körpersprache pur, bei der sein Körper und sein Unbewusstsein schrien, dass sie mit den Worthülsen nicht viel gemeinsam hätten. Wie geschlagen saß ich da mit dem Eindruck, er hätte gesagt: «Wie niederträchtig, dass jemand es gewagt hat, meine blendende Airline-Karriere in Europa mit solch einer Hässlichkeit zu beschmutzen!»

Aus einem Interview mit einem ehemaligen Swissair-Piloten.
Moos 2003, 162

3 Welche Bedeutung hat das soziale Umfeld für die Kommunikation?

Aufbauend auf den physiologischen und psychologischen Grundlagen wird nun die soziale Vernetzung mit ihren Auswirkungen auf die Kommunikation betrachtet. Damit werden Fragen aufgeworfen nach

- dem sozialen Miteinander,
- dem Rollenverständnis als ordnender Kraft,
- den gesellschaftlichen Regeln und
- den Besonderheiten der interkulturellen Kommunikation.

3.1 Wie gestaltet sich das soziale Miteinander?

Den Kommunikationsprozess beeinflussen sowohl innermenschliche wie auch externe Einflüsse. Kommunikation ist immer eingebettet in eine Situation mit ihrer Vor- und Nachgeschichte (▶ Situationsmodell). Selbst bei einer Erstbegegnung bringen die Kommunikationspartner ihre Erfahrungen und ihre Geschichte mit. Beim besseren gegenseitigen Kennenlernen wird ein Teil der persönlichen Geschichte bekannt und kann in seiner Wirkung auf den Gesprächsverlauf eingeordnet werden. In Anlehnung an das ▶ S-R-Modell könnte man sagen, die Vorgänge im sozialen Umfeld sind die Black Box, welche die Situation Kommunikation umgeben.

Der zwischenmenschliche Umgang folgt eigenen Gesetzen und Regeln, die sich jedoch von denjenigen der Kommunikation nicht abkoppeln lassen. Kommunikation ist Teil des sozialen Miteinander. Um zu erkennen, welches Verhalten in welcher Situation angebracht ist und über was in welcher Art mit welchem Menschen zu welchen Zeitpunkt gesprochen werden kann, ist ein ausgeprägtes Wahrnehmungsvermögen notwendig. Außerdem braucht es innere Flexibilität, um auf unterschiedliche Individualitäten eingehen und Anregungen von ihrer Seite annehmen zu können, ohne dabei die eigenen Ziele aus den Augen zu verlieren. Diese Fähigkeit mit all ihren Facetten wird ▶ Sozialkompetenz genannt. Sie ist eine Art «Schmiermittel» in den sozialen Beziehungen, das die Kommunikation und den Umgang miteinander erleichtert und eleganter macht.

Basis der Sozialkompetenz und des Respekts vor anderen Menschen ist die Selbstachtung (▶ Selbstwertgefühl). «Ein Mensch, der mit sich selbst liebevoll umgeht, tut nichts, was ihn selbst oder andere verletzt, herabsetzt, demütigt oder auf andere Weise beeinträchtigt, und er macht andere auch nicht für seine eigenen Handlungen verantwortlich.» (Satir 2010a, 57).

3.2 Wer spielt welche Rolle?

Der zwischenmenschliche Umgang miteinander wird dadurch vereinfacht, dass die Gesellschaftsmitglieder ihre sozialen Rollen erkennen und die Erwartungen, die mit diesen Rollen verknüpft werden, erfüllen (Beispiel **10**). Das Bild der Rolle (▶ Rollentheorien) ist aus der Welt des Theaters entlehnt: Kommunikation als Schauspiel, in dem die Akteure dem Muster ihrer Rolle folgen, auch wenn ihnen ein gewisser Handlungs- und Interpretationsspielraum zugestanden wird. Wichtig ist jedoch, dass die Rolle durchgehalten wird (Beispiel **11**).

Im «wirklichen» Leben wird Rollenverhalten häufig an bestimmte Aufgaben gebunden, die der Rollenträger im Auftreten, Verhalten und Kommunizieren auf eine vorgegebene Art zu erfüllen hat. Die Erfahrungen mit bestimmten Rollenträgern, wie diese sich normalerweise geben, wie sie gekleidet sind, wie sie reden und wie sie sich in Gesellschaft verhalten, prägt die Normvorstellung einer Rolle. Es gibt keinen schriftlich fixierten Verhaltenskodex, sondern einen Konsens innerhalb einer gesellschaftlichen Gruppe aufgrund der Praxisbeobachtung. Die Unschärfe der Norm kann natürlich zu Diskussionen Anlass geben (Dahrendorf 2006, 55).

10

Individualität und Person

Es ist wohl kein historischer Zufall, dass das Wort Person in seiner ursprünglichen Bedeutung eine Maske bezeichnet. Darin liegt eher eine Anerkennung der Tatsache, dass jedermann überall und immer mehr oder weniger bewusst eine Rolle spielt. […] In diesen Rollen erkennen wir einander; in diesen Rollen erkennen wir uns selbst. In einem gewissen Sinne und insoweit diese Maske das Bild darstellt, das wir uns von uns selbst geschaffen haben – die Rolle, die wir zu erfüllen trachten –, ist die Maske unser wahreres Selbst: das Selbst, das wir sein möchten. Schließlich wird die Vorstellung unserer Rolle zu unserer zweiten Natur und zu einem integralen Teil unserer Persönlichkeit. Wir kommen als Individuen zur Welt, bauen einen Charakter auf und werden Personen.

Park 1950, 249–250, zitiert nach Goffman 2010, 21

Wir alle spielen Theater 11

Die Gesellschaft hat sich so etabliert, dass jeder mit Recht erwarten darf, von den anderen nach seinen sozialen Eigenschaften eingeschätzt und behandelt zu werden. Mit diesem Prinzip ist ein zweites verknüpft: dass nämlich jemand, der ausdrücklich oder stillschweigend zu verstehen gibt, er habe diese oder jene sozialen Eigenschaften, auch wirklich das sein soll, was er zu sein behauptet.

Goffman 2010, 16

Im Mittelalter und der frühen Neuzeit waren berufliche Rollenträger äußerlich einfach an ihrer Kleidung zu erkennen. Davon geblieben sind unter anderem die Talare der Richter, Berufsuniformen, die Kleidung der Kleriker und die Doktorhüte an den Promotionsfeiern. Heute hat sich eine allgemeine Businesskleidung durchgesetzt, bei der die Berufszugehörigkeit nicht mehr sichtbar ist. Um die berufliche Rolle und Position einer noch unbekannten Person zu erkennen, muss daher stärker auf Verhaltensmerkmale geachtet werden. Für die Kommunikation macht es einen Unterschied, ob mit dem Geschäftsführer, seinem Assistenten, einem Projektleiter oder dem Portier gesprochen wird. Es wird über andere Inhalte geredet und das Verhalten ist mehr oder weniger förmlich.

Führungskräfte, die zu locker in Kleidung und Umgangsformen sind, erschweren Externen den Dialog. Sie lassen außerdem Zweifel aufkommen, ob sie ihren Aufgaben gewachsen sind. Das kann kompensiert werden durch die Art des Auftretens und eine klare Ausdrucksweise. Für die Mitarbeitenden, die ihren Chef kennen, ist sein Rollenverhalten für die Zusammenarbeit wichtig. Sie haben sich an einen bestimmten Stil gewöhnt und gelernt, damit umzugehen. Hat ihr Chef bisher seine Rolle eher autoritär aufgefasst und wechselt abrupt zum verständnisvollen Coach – vielleicht nach einem kürzlich absolvierten Führungstraining –, dann müssen auch sie ihre Strategien ihm gegenüber verändern. Das kann Verwirrung und Konflikte auslösen.

Die Rolle kann neu interpretiert oder verändert werden. Eine Führungskraft beispielsweise, die bisher zu lasch geführt hat und erkennt, dass sie damit die vorgegebenen Ziele nicht erreicht, muss dies auch tun. Die Neuinterpretation sollte dann jedoch kommuniziert und begründet werden, damit sie das Team auch akzeptieren kann. Wie auch bei anderen ▶ Veränderungsprozessen ist es von Vorteil, die Neuinterpretation umsichtig zu begleiten, da die Mitarbeitenden einen vertrauten Zustand verlassen und sich in einer neuen Situation möglichst schnell zurechtfinden sollen (Pfannenberg 2009).

3.3 ____ Welche Funktionen haben gesellschaftliche Regeln?

Gesellschaften entwickeln für sich Regeln, damit ihre Mitglieder störungsfrei miteinander umgehen können. Dies betrifft vor allem immer wiederkehrende Situationen, bei denen das Verhalten festgelegt wird. Solche Regeln entlasten die Gesellschaftsmitglieder davon, sich jedes Mal neu zu überlegen, wie sie etwa auf eine Einladung reagieren sollen, wie sie sich auf eine Arbeitsstelle bewerben müssen oder was bei einer Beerdigung zu tun ist (▶ Frame- und Skript-Theorie). Alles, was von den Standardsituationen abweicht, muss unter den Mitgliedern ausgehandelt werden (Beispiel **12**).

Gesellschaftliche Regeln bestimmen auch, worüber gesprochen werden darf und wie etwas gesagt werden muss. Das Individuum kann sich zwar im Privatleben Freiheiten gestatten, in Gesellschaft ist aber nur erfolgreich, wer das Spiel beherrscht. Diese kulturell bedingten Spielregeln lernen wir schon sehr früh («Kinderstube») und verinnerlichen sie derart, dass wir einige von ihnen jederzeit

12 **Regeln und Glück am Arbeitsplatz**

In einer kürzlich durchgeführten Studie über den Zusammenhang von Regeln und Glücksempfinden am Arbeitsplatz unterscheiden die Befragten eines stark regulierten Unternehmens klar zwischen förderlichen und hinderlichen Regeln.

«Regeln sind förderlich, wenn sie entweder die erlebte Kompetenz am Arbeitsplatz steigern oder das Gefühl der sozialen Zugehörigkeit zur Gruppe erhöhen. Das Kompetenzerleben wird durch mental entlastende, eindeutige und einheitlich angewandte Regeln erhöht. Die soziale Zugehörigkeit wird durch Regeln bestärkt, die Sicherheit vermitteln oder mit Rückmeldung und Unterstützung verbunden sind. Regeln, die hingegen unverständlich, mehrdeutig, zu zeitaufwendig und nicht umsetzbar scheinen, werden von den Befragten als hinderlich eingestuft. Befragte, welche die Regeln mehrheitlich als förderlich erleben, sind glücklicher an ihrem Arbeitsplatz als solche, die sich nach vielen hinderlichen Regeln richten müssen.»

Weibel/Sauer 2010, 41

abrufen können. Ein Großteil davon verschwindet aber im Unterbewusstsein. Wir verhalten uns einfach gemäß den Erwartungen, ohne jedes Mal darüber nachzudenken. In der Kommunikation bedienen wir uns ganz selbstverständlich aus diesem Set an Phrasen, die in bestimmten Situationen gesagt werden müssen. In welchem Ausmaß wir von den erlernten Regeln geprägt wurden, wird uns meist erst dann bewusst, wenn wir uns in einem fremden kulturellen Umfeld bewegen (Beispiel **13**).

Das soziale Umfeld überwacht die Einhaltung der gesellschaftlichen Regeln. Handlungen zwischen zwei Akteuren spielen sich immer in einer sozialen Umgebung ab, welche die beiden beobachtet und deren Aktionen bewertet. Bei einem Vertrauensmissbrauch beispielsweise hat der Fehlbare nicht nur die Sanktionen des Vertrauensgebers zu gewärtigen, sondern auch diejenigen der zunächst unbeteiligten Dritten. Je besser sich die Personen kennen, umso bedeutsamer kann ein Regelverstoß geahndet werden.

Der Vorteil gesellschaftlicher Regeln ist ihre Entlastungsfunktion, indem sie dem Einzelnen Alltagsentscheidungen abnehmen. Ihr Nachteil ist die Einengung des individuellen Handlungsspielraums (Beispiel **14**).

Nach den *Regeln der Kommunikation* führen Offenheit, Ehrlichkeit und Authentizität zu einer Verständigung. Die *gesellschaftlichen Regeln* können jedoch im Widerspruch dazu stehen und verlangen, dass in bestimmten Situationen nicht alles gesagt werden darf.

Fettnäpfchen 13

Viele Stolpersteine in der interkulturellen Kommunikation befinden sich im Bereich ritualisierter Höflichkeitsformen, sei es bei der Begrüßung, der Anrede, der gegenseitigen Vorstellung, der Gesprächsorganisation («turn taking», gleichzeitiges Sprechen, Themenwahl etc.), der Wortwahl oder der Formulierung von Bitten und Aufforderungen. Besonders anspruchsvoll sind geschäftliche Einladungen und Besuche, da hier nicht nur in einzelne Fettnäpfchen getreten werden kann, sondern der gesamte Ablauf einem festgelegten Skript folgt (▶ Frame- und Skript-Theorie). Was bedeutet beispielsweise das zweite Angebot eines Kaffees nach dem Abendessen bei Geschäftsfreunden zu Hause? Ist es ein Zeichen, dass die Gastgeber den Abend beenden wollen, oder wird damit ausgedrückt, dass es jetzt erst richtig gemütlich wird? Die Interpretation kann in der Regel nicht aus den Gewohnheiten der eigenen Kultur erschlossen werden. Diesbezüglich ist es unverzichtbar, sich vorgängig über die geltenden Spielregeln zu informieren.

Hintermann 2009, 48–49

Fünf menschliche Freiheiten

- *Die Freiheit, zu sehen und zu hören, was im Moment wirklich da ist,* anstatt das, was sein sollte, gewesen ist oder erst sein wird.
- *Die Freiheit, das auszusprechen, was ich wirklich fühle und denke,* anstatt das, was von mir erwartet wird.
- *Die Freiheit, zu meinen Gefühlen zu stehen,* und nicht etwas anderes vorzutäuschen.
- *Die Freiheit, um das zu bitten, was ich brauche,* anstatt immer erst auf Erlaubnis zu warten.
- *Die Freiheit, in eigener Verantwortung Risiken einzugehen,* anstatt immer nur auf «Nummer sicher zu gehen» und nichts Neues zu wagen.

Satir 2010b, 27

3.4 Was ist in der interkulturellen Kommunikation zu beachten?

Schon im eigenen kulturellen Kontext vollzieht sich die zwischenmenschliche Kommunikation nicht immer komplikationslos. Im Kontakt mit einer anderen Sprache und einer anderen ▶ Kultur wächst der Schwierigkeitsgrad der Verständigung beträchtlich. Aktives Zuhören ist daher fundamental und kann als eigentliche Schlüsselkompetenz der Kommunikation angesehen werden. Für Carlos Ghosn sollte deshalb ein Global Leader 80% zuhören und nur 20% selber reden (Fournier/Evans 2007, 18).

Im Dialog zwischen den Kulturen ist entscheidend, inwieweit sich die Gesprächspartner aufeinander einlassen und Informationen nicht nur zur Kenntnis nehmen, sondern sich von ihnen bewegen und zu neuen Erkenntnissen führen lassen. Ist diese Bereitschaft und Fähigkeit vorhanden, kann zwischen den Gesprächspartnern eine neue gemeinsame Wirklichkeit gebildet werden (▶ Konstruktivismus), die sie auch in ihrem Selbstverständnis und sozialen Handeln verändert (Dathe 2007, 590). Arbeiten Mitglieder unterschiedlicher Kulturen längere Zeit zusammen, können in einem echten Dialog miteinander Formen des Umgangs ausgehandelt werden, die für die Beteiligten stimmen und wahrscheinlich weder der einen noch der anderen ▶ Kultur vollumfänglich zuzurechnen sind. Es handelt sich um einen kreativen Prozess, in dem eine neue Ordnung und Gemeinsamkeit geschaffen wird (Rathje 2006, 15). Man könnte auch sagen, dass zu einem Dialog zwei Zuhörende gehören.

15

Wie ein Chinese die Schweizer erlebt

Was fiel Ihnen in der Arbeitsweise der Schweizer als Erstes auf?

Mir fiel vor allem auf, mit welcher Präzision und Geduld die Schweizer in der Produktentwicklung arbeiten. Jeder hatte für alles einen Plan. Diese Eigenschaften sind ziemlich diametral zu den Eigenschaften chinesischer Produktentwickler. Wir sind ungeduldiger und arbeiten nicht so strukturiert. Dabei vergessen wir manchmal, etwas mehr auf die Qualität zu achten, weil wir schnell und billig produzieren wollen.

Was fällt Ihnen am westlichen Führungsstil auf?

Mir fällt extrem auf, dass Mitarbeitende primär einer Firma treu sind, nicht aber in erster Linie ihrem Chef. In China ist das umgekehrt. Wenn der Chef geht, folgen ihm seine Mitarbeitenden. Treue definiert sich in China über eine Person – nicht über die Firma.

Aus einem Interview mit Zheng Xiao Feng, Managing Director der schweizerischen Cedes Sensor C., Ltd. Shanghai, Feng 2009, 96

Das Potenzial der eigenen ▶ Kultur kann im Spiegel der fremden Kultur bewusst und damit auch erklärbar gemacht werden (Beispiel **15**). Um andere verstehen zu können, muss man erst einmal sich selbst verstanden haben. Wer die eigenen kulturellen Selbstverständlichkeiten anderen verständlich darlegen kann, handelt als Botschafter seiner Kultur und schafft damit ein Klima des gegenseitigen Lernens. Die Chance kultureller Diversität liegt in den Interaktionen und Aushandlungsprozessen zwischen Mitgliedern unterschiedlicher Kulturen (Bolten 2007, 163), die zu einer neuen Form der Normalität führen. Dies befruchtet nicht nur die Zusammenarbeit, sondern bereichert auch jeden Einzelnen. Mit dieser offenen und aktiven Haltung kann als weiterer Vorteil auch die Kommunikation innerhalb der eigenen Kultur verbessert werden (▶ Perspektivenwechsel).

4 Was passiert während des Kommunizierens?

Mit dem Wissen im Hintergrund, wie der einzelne Mensch «funktioniert» und in Wechselwirkung mit seinem sozialen Umfeld agiert, werden nun die Abläufe während des Kommunizierens betrachtet. Im Zentrum steht die mündliche direkte Kommunikation. Die Ergebnisse lassen sich jedoch auch auf andere ▶ Kommunikationsformen anwenden.

- Der *Kommunikationsprozess* wird anhand verschiedener Modelle anschaulich und verständlich gemacht.
- Das Entstehen von ▶ *Missverständnissen* wird mit dem Vier-Ohren-Modell erklärt.
- Wie die *Kommunikationsebene* ausgehandelt wird, beschreibt die Transaktionsanalyse.
- Abschließend wird die Wirkung von ▶ *Vertrauen* auf die Kommunikation behandelt.

4.1 Wie läuft der Kommunikationsprozess ab?

Die Frage, was eigentlich passiert, wenn ein Informationsreiz auf einen menschlichen Organismus trifft und welche Wirkung er dann entfaltet, beschäftigt mehrere Disziplinen, unter anderem die Naturwissenschaften, die Psychologie, die Verhaltenswissenschaften, die Wirtschaftswissenschaften, die Soziologie und die Medienwissenschaften. Es geht dabei um das Verständnis der Vorgänge und die Messbarkeit beziehungsweise Vorhersagbarkeit der Wirkung. Viele schematische Darstellungen greifen dabei auf das naturwissenschaftliche Reiz-Reaktions-Schema zurück (Abbildung 1).

Das *Stimulus-Response-Modell* (▶ S-R-Modell) des Behaviorismus konzentriert sich auf beobachtbare Größen. Dies sind der Reiz (Stimulus) und die Reaktion darauf (Response). Dazwischen liegt eine Black Box, nämlich das, was sich im Inneren des Organismus abspielt und nicht beobachtet werden kann. Die vereinfachende Annahme, dass die Reaktion auf einen Reiz bei allen Empfängern (Rezipienten) gleich ist, entspricht nicht der Realität. Außerdem ist der Rezipient in diesem Modell nur aufnehmend, das heißt, er wird nicht selber aktiv, um sich Informationen zu beschaffen (Abbildung 2).

Abb. 1: Reiz-Reaktions-Schema

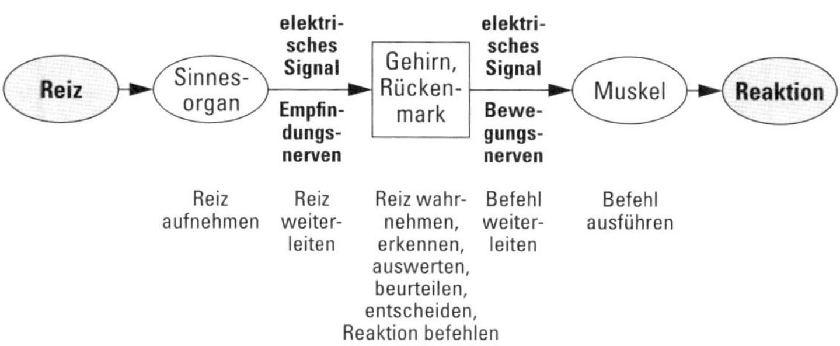

Abb. 2: S-R-Modell

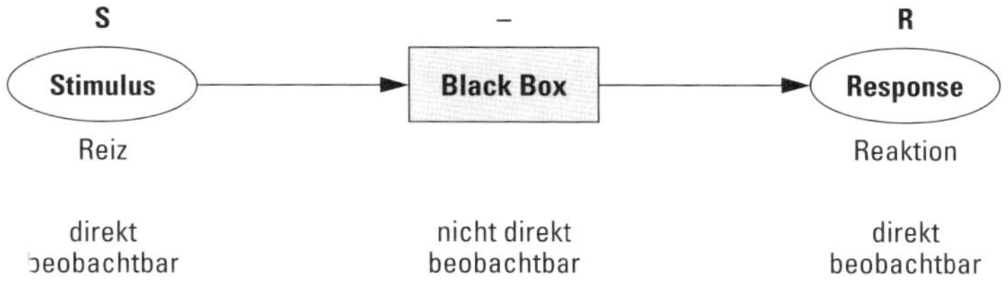

Das S-R-Modell wurde in einzelnen Forschungsrichtungen modifiziert:

- Um die technische Übertragung von Nachrichten zu veranschaulichen, stellten Shannon und Weaver für ihr ▶ Sender-Empfänger-Modell anstelle der Black Box den Übertragungskanal in die Mitte. Sie interessierten sich für die physikalischen Bedingungen der Nachrichtenübermittlung und nicht für den Inhalt der Nachricht.
- In den Medienwissenschaften wurde das Modell mit anderen Annahmen versehen, um das Mediennutzungsverhalten realitätsnaher abbilden zu können. Der Rezipient erhält im Uses-and-Gratification-Approach eine aktive Rolle (▶ S-R-Modell).
- Beim dynamisch-transaktionalen Ansatz (▶ S-R-Modell) wird eine Wechselwirkung zwischen Kommunikator und Rezipient zugrunde gelegt.
- Eine Variante des S-R-Modells aus soziologischer Sicht ist das ▶ Stufenmodell von Horst Reimann, das den Kommunikationsprozess in vier aufeinander aufbauende Stufen unterteilt. Die höchste Stufe (die Kommunikation) ist erst erreicht, wenn der

Symbolgehalt der Nachricht entschlüsselt wird, was ein Kennzeichen des zwischenmenschlichen Informationsaustauschs ist. In dem Modell ist auch die Rückmeldung des Empfängers an den Sender eingezeichnet.

Die Erweiterung des S-R-Modells zum *Stimulus-Organismus-Response-Modell* (▶ S-O-R-Modell) öffnet die Black Box, die nun als Organismus mit persönlichkeits- und situationsbedingten Variablen erscheint. Dieses Modell liegt auch der ▶ Transaktionsanalyse zugrunde: Der Sender macht mit seinem Verhalten ein bestimmtes Angebot (Transaktions-Stimulus), auf das der Empfänger mit seinem Verhalten (Transaktions-Reaktion) reagiert. Wie er reagiert, hängt dabei von individuellen Faktoren ab.

Welche Variablen im Inneren des Organismus wirken und wie stark ihr jeweiliger Einfluss auf das Verhalten ist, ist schwer zu definieren. Die wissenschaftliche Anwendung scheiterte an der unklaren Definition der inneren Einflussfaktoren, der Komplexität des reizverarbeitenden Vorgangs und seiner Messbarkeit. Das S-O-R-Modell öffnet jedoch den Blick für die äußerlich nicht wahrnehmbaren Prozesse in den einzelnen Personen.

Mit linearen Modellen lässt sich der Informationstransport vom Sender zum Empfänger mit den dazugehörigen Komplikationen veranschaulichen. Diese Darstellungsform wird jedoch nicht dem Kommunikationsprozess als fortlaufende Entwicklung mit den Rückbezügen der Gesprächspartner auf vorangegangene Äußerungen und den dadurch ausgelösten Veränderungen bei den Gesprächspartnern (beispielsweise Wissenserwerb, Einstellungskorrektur, Gefühlsreaktion) gerecht.

Um diesen zirkulären Prozess abbilden zu können, müsste eine kreis- oder spiralförmige Darstellungsform gewählt werden. ▶ Veränderungsmodelle beruhen häufig auf der Kreisform, womit angedeutet wird, dass sich Veränderung in einem iterativen Prozess mit bestimmten Phasen vollzieht (▶ Veränderungsprozess). Kreisbasierte Modelle reflektieren, welche Wirkungen Kommunikation auslösen kann.

Mit dem Single- und Double-Loop-Learning wird mit der Rückkopplungsschlaufe kenntlich gemacht, dass im Nachhinein bei der Betrachtung der Resultate sowohl die Handlungsstrategie wie auch die der Handlungsstrategie zugrunde liegenden Annahmen korrigiert werden können (▶ Rückkopplung). Die spiralförmige Darstellung beim Dreischritt der ▶ Verständigung charakterisiert den Gesprächsverlauf.

4.2 Wie entstehen Missverständnisse?

▶ Missverständnisse entstehen, wenn der Empfänger etwas anderes versteht, als der Sender gemeint hat. Das passiert, wenn der Empfänger Wörter mit einer anderen Bedeutung verbindet, als der Sender ihnen gegeben hat. Diese Missverständnisse sind noch relativ einfach aus dem Weg zu räumen. Schwieriger ist es, die Absicht des Senders zu erkennen. Die Absicht schwingt mit, wird meist nicht explizit geäußert und lässt daher dem Empfänger Interpretationsspielraum. Schulz von Thun hat diese Problematik untersucht und die Zusammenhänge mit dem ▶ Vier-Ohren-Modell erklärt (Schulz von Thun 2010). Einerseits kann der Sender seine Aussage in vierfach verschiedener Weise meinen, andererseits kann der Empfänger sie auf vierfach verschiedene Weise verstehen. Dies ergibt eine beachtliche Menge an Kombinationsmöglichkeiten.

Auf welchem Ohr der Empfänger die Nachricht gerade aufgenommen hat, erkennt der Sender an dessen Reaktion. Hier sollte der Sender sofort einhaken, wenn er sich nicht richtig verstanden fühlt. So können Missverständnisse gleich von Anfang an geklärt werden.

4.3 Wie wird die Kommunikationsebene ausgehandelt?

Im Gespräch begegnen sich unterschiedliche Persönlichkeiten, die ihre aktuelle Stimmung sowie mehr oder minder bewusste Absichten und Einstellungen zueinander mitbringen. Dies veranlasst sie, ein Gespräch auf eine bestimmte Art zu eröffnen oder einem Gespräch im Verlauf eine andere Wendung zu geben. Auf welcher Kommunikationsebene das Gespräch verläuft, ist Verhandlungssache zwischen den Beteiligten. Es sind dabei drei grundsätzliche Zielsetzungen zu unterscheiden:

1. Fühle ich mich meinem Gesprächspartner überlegen und sehe ich mich berufen, ihm erzieherisch gute Ratschläge zu erteilen?
2. Ist mir mehr nach einer lockeren, spielerischen Unterhaltung zumute, in der sich meine kindliche Seite entfalten kann?
3. Suche ich einen erwachsenen, ebenbürtigen Gesprächspartner, mit dem ich mich sachlich über ein Thema unterhalten möchte?

Eine Aussage kann als Angebot verstanden werden, auf einer bestimmten Ebene miteinander zu kommunizieren. Im psychologi-

Abb. 3: Modell der Transaktionsanalyse

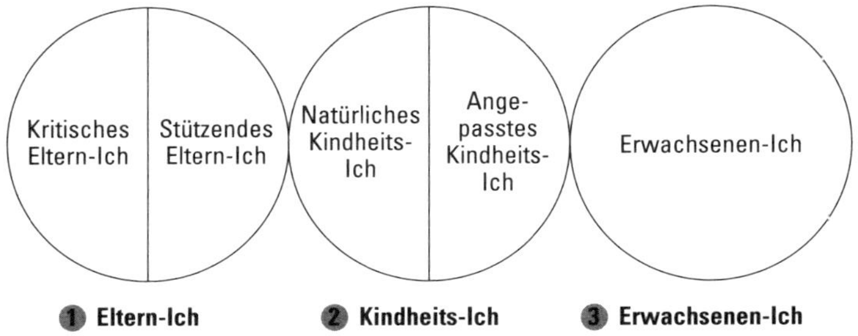

Quelle: Hintermann 2008a, 94

schen Sinn wird ein Gespräch damit zu einem «seelischen» Geschäftsabschluss (Transaktion) zwischen den Beteiligten (▶ Transaktionsanalyse; Abbildung 3). Es kommt nun darauf an, wie mein Gegenüber das Gesprächsangebot annimmt. Wenn er gerade keine Lust auf eine ernsthafte Unterhaltung hat, wird er nicht mit mir auf der Erwachsenen-Ebene kommunizieren wollen. Ärgert er sich über Maßregelungen, wird er vielleicht trotzig (aus dem Kindheits-Ich). Eine Unterhaltung kann wunderbar funktionieren, wenn sich die Gesprächspartner aus dem Eltern-Ich über die Unarten der Nachbarschaft austauschen. Die Schlussfolgerung daraus: Solange das Gesprächsangebot angenommen wird, gibt es keine Konflikte. Erst dann, wenn sich die Absichten kreuzen, kommt es zum Machtkampf (Berne 2007, Harris 2009).

4.4 ____ Was bewirkt Vertrauen?

Durch gegenseitiges ▶ Vertrauen wird die Kommunikation einfacher. Es wird offener und ehrlicher miteinander gesprochen. Es gibt keine Vorbehalte oder Absicherungsmanöver (Beispiel **16**). Wer ein Grundvertrauen in das Leben hat, bringt auch seinen Mitmenschen eher Vertrauen entgegen: Er unterstellt ihnen Wohlwollen, hält ihre Aussagen für zutreffend und nimmt an, dass sie das, was sie sagen, auch tun werden. Absolute Sicherheit über das Wohlwollen, die Ehrlichkeit und Zuverlässigkeit anderer Menschen besteht jedoch nicht. Es wird daher auch von einen *«Vertrauensvorschuss»* oder sogar einem *«Vertrauenssprung»* gesprochen: Es braucht Mut, einem anderen Menschen Vertrauen entgegenzubringen, denn man

16

Ein Lächeln – Botschaft des Vertrauens

Wodurch wird Vertrauen begründet?

Es geht in der Essenz darum, im Dialog Vertrauen entstehen zu lassen und dem Gegenüber das Gefühl zu geben, dass ich hinter ihm oder ihr stehe. Erst mit diesem Gefühl der Sicherheit kann ein vertrauensvolles Arbeitsverhältnis entstehen.

Haben Menschen zu hohe Erwartungen, wenn ihr Vertrauen missbraucht wird?

Das ist eine Frage der Naivität. Wer das Gefühl hat, dass sein Vertrauen öfter missbraucht wird, schätzt Dinge vielleicht nicht richtig ein.

Woran erkennen Sie, ob in Ihrem Unternehmen Vertrauen herrscht?

Das erkennt man daran, ob Menschen miteinander reden und vor allem auch miteinander lachen; ob sie mit einem Lächeln durch die Flure gehen. Dabei geht es nicht nur um fachliche Qualifikation, bei denen wir uns gegenseitig vertrauen. Es geht auch darum, ob man denselben Humor teilt, kurz: Die sogenannten «soft factors» sind gerade beim Thema Vertrauen extrem wichtig.

Aus einem Interview mit Dieter Scheiff, ehemaliger CEO der Adecco Group, Scheiff 2009, 108–111

weiß nie, wie er sich verhalten wird. Erst wer den Sprung wagt, kann im Nachhinein feststellen, ob sein Vertrauen gerechtfertigt war.

Die Bedeutung von Vertrauen wird oft erst dann bemerkt, wenn es missbraucht wurde. Dann wird den Betroffenen bewusst, wie viel Vertrauen sie ohne vorherige Prüfung einfach so verschenkt haben. Der Schaden macht klug. Gleichzeitig macht er unsicher, verletzt und kompliziert die Kommunikation.

Im gesellschaftlichen Zusammenleben übernimmt ▶ Vertrauen eine Kittfunktion. Je besser sich die Gesellschaftsmitglieder kennen, umso zuverlässiger können sie ihr wechselseitiges Verhalten einschätzen. Dies reduziert die Unsicherheit und weckt gleichzeitig Erwartungen an gewohntes Verhalten. Wer sich nicht daran hält, riskiert, aus dem Kreis der Vertrauenswürdigen ausgeschlossen zu werden. Auf diese Weise kann mit dem Schenken und Verweigern von Vertrauen das Verhalten anderer Menschen gesteuert und soziale Kontrolle ausgeübt werden. Vertrauen schafft also einerseits Freiräume und generiert andererseits Einschränkungen.

5 Wie kann Kommunikation beeinflusst werden?

Der Kommunikationsprozess in seiner Komplexität lässt sich zwar nicht steuern wie eine Maschine, aber er kann beeinflusst werden. Für diesen Zweck stehen

- Mittel der Sprache,
- Techniken der Vor- und Nachbereitung von Gesprächen und
- Methoden der (Gruppen-)Gesprächsführung zur Verfügung.

5.1 Welche sprachlichen Mittel gibt es?

Aktives Zuhören führt zum Verständnis

▶ Aktives Zuhören hat zum Ziel, sich in die Gedanken- und Gefühlswelt des anderen Menschen hineinzuversetzen, um ihn besser zu verstehen. Es ist ein Wechsel der Perspektive, bei dem für einen Moment des Verstehens der eigene Standpunkt zurückgestellt wird (▶ Perspektivenwechsel). Man versucht, die Welt mit den Augen des anderen zu sehen und seiner Gedanken- und Gefühlslogik zu folgen. Dieses Verstehenwollen geht über das rein inhaltliche Nachvollziehen hinaus, und man fühlt sich ganz in die Rolle des anderen ein.

Fragen aktivieren

▶ Fragen sind ein vielfältig einsetzbares sprachliches Mittel. Sie dienen nicht nur dazu, Informationen zu einzuholen, sondern verleihen einem Dialog auch Dynamik, indem sie die Eintönigkeit von Aussagesätzen unterbrechen. Der Fragende übernimmt die aktive Rolle und lenkt das Gespräch in die von ihm gewünschte Richtung. Er zeigt sein Interesse an der anderen Person. Gleichzeitig kann er Themen umgehen, über die er nicht sprechen möchte. Fragen sind außerdem notwendig, um das Verständnis zu überprüfen.

Ich-Aussagen klären die Position

Mit ▶ Ich-Aussagen legt eine Person ihre Position dar. Sie übernimmt damit die Verantwortung, für das, was sie sagt. Mit verallgemeinernden Äußerungen hingegen wird die Verantwortung für den Inhalt des Gesagten von sich geschoben. So werden die Gesprächspartner im Unklaren gelassen, ob der Sprechende ebenfalls diese Ansicht teilt.

Ich-Aussagen sind nicht verletzend, weil sie vom subjektiven Erleben sprechen, welches vielleicht schwierig nachzuvollziehen ist, aber einer Person nicht abgesprochen werden kann. Ich-Aussagen spielen daher beim Feedback eine zentrale Rolle. Aussagen über eine andere Person, wie sie ist oder welche Motive sie hat (Du-Aussagen), sind problematisch, weil sie Pauschalurteile und Unterstellungen enthalten können, welche die betroffene Person in Abwehrhaltung bringt.

Pausen geben Raum

Pausen sind die Zeit im Gespräch, in der nicht gesprochen, aber trotzdem kommuniziert wird und sehr viel Wichtiges passieren kann. Meistens sind Pausen kurz, aber für das Verständnis absolut notwendig. Der Empfänger muss schließlich zuerst die Nachricht des Senders entschlüsseln und in einen Sinnzusammenhang einordnen, um seine Antwort zu planen. Das alles braucht Zeit, die man dem Gesprächspartner geben sollte. Gelegentliche Pausen – auch während der eigenen Rede – beruhigen das Gespräch und geben den Kommunizierenden Raum, auch einmal etwas Ungewöhnliches oder Persönliches zu äußern. Eine kleine Pause vor dem Verabschieden gibt Gelegenheit, das Gespräch nochmals innerlich zu rekapitulieren. Das ist keine Garantie für Vollständigkeit, hinterlässt aber doch den Eindruck, dass alles, was in diesem Moment zu dem Thema zu sagen ist, auch gesagt wurde.

Paraphrasieren stellt die Verständigung sicher

Paraphrasieren heißt, den aufgenommenen Inhalt mit eigenen Worten nochmals wiederzugeben. Daran kann der Sender erkennen, ob er richtig verstanden wurde.

Feedback hilft bei der Orientierung

Nonverbales ▶ Feedback ist für die Kommunikation von grundlegender Bedeutung. Während eines Gesprächs achtet der Redende ständig auf die Reaktion des Zuhörers, um in seinen Ausführungen fortfahren zu können. Die Rückmeldungen sind meist nonverbale Signale, gelegentlich auch ein Brummen oder Laute der Zustimmung oder Ablehnung, die anzeigen, ob der Zuhörer folgen kann und was die Informationen bei ihm auslösen. Ohne diese Form des Feedbacks wird der Redende verunsichert. Besonders deutlich wird dies am Telefon.

Verbales (in Worten ausgedrücktes) Feedback hat ebenfalls eine Orientierungsfunktion. Auf Aussagen und Handlungen brauchen wir eine Rückmeldung, um zu wissen, ob wir «auf Kurs» sind oder uns auf Nebengeleisen beziehungsweise in einer Sackgasse befinden. Lernen heißt nicht nur Neues aufnehmen, sondern auch Bestehendes korrigieren (▶ Rückkopplung). Feedback aus dem sozialen Umfeld ist notwendig für die persönliche Weiterentwicklung.

Der Feedback-Geber nimmt für die Beurteilung des Erlebten eine Eltern-Position ein oder wird in dieser Position wahrgenommen. Das kann beim Feedback-Nehmer zu kindlichen Trotzreaktionen führen (▶ Transaktionsanalyse). Feedback berührt das ▶ Selbstwertgefühl und ist auch eine Aussage über die Art der Beziehung. Damit die Rückmeldung nicht falsch aufgenommen wird, müssen bestimmte Regeln eingehalten werden.

Oberhandtechniken demütigen

▶ Oberhandtechniken sind unzulässige Übergriffe, um anderen Menschen den eigenen Willen aufzuzwingen oder sie außer Gefecht zu setzen. Rohe Gewalt, Drohung und Nötigung sind strafbar. Die subtileren Formen der Gewalt liegen innerhalb des gesellschaftlich Tolerierten und an der Grenze der Höflichkeit. Sie gehören durchaus zum Kommunikationsalltag. Auch die Ziele der «feineren» Oberhandtechniken sind subtiler: Isolieren des «Gegners», ihn handlungsunfähig machen, ihn an seinen Aussagen hindern oder zum Schweigen bringen. Die Angriffe bezwecken eine Schwächung des Gegenübers und treffen ihn daher in seinem ▶ Selbstwertgefühl. Oberhandtechniken sind beleidigend, verletzend, respektlos. Fairerweise muss gesagt werden, dass es in einer engagierten Diskussion auch einmal passieren kann, dass ein Beitrag nicht genügend gewürdigt wird oder jemand in seiner Rede unterbrochen wird. Das ist mit ein Grund dafür, warum es so schwierig ist, sich gegen subtile Angriffe zu wehren. Wer jedoch die Oberhandtechniken kennt, kann schneller reagieren und aus dem Machtspiel aussteigen.

5.2 Welche Techniken helfen bei der Vor- und Nachbereitung von Gesprächen?

Den eigenen Standpunkt klären

Eine unklare innere Haltung führt naturgemäß zu einer unklaren Ausdrucksweise und kann die Gesprächspartner ziemlich ratlos zurücklassen. Es ist möglich, die Widersprüchlichkeiten im eigenen Inneren mit anderen zu besprechen und mit ihrer Hilfe Klarheit zu finden. Die Selbstklärung kann jedoch auch in Eigenregie als *Vorbereitung* auf zukünftige Kontakte durchgeführt werden. Schulz von Thun schlägt dafür ein Gespräch mit sich selbst vor, in dem die verschiedenen inneren Stimmen, die zu einer konkreten Fragestellung etwas zu sagen haben, zu Wort kommen (▶ inneres Team). Das Ich als Leiter der Sitzung entscheidet dann, was gemacht wird.

Auch in der *Nachbereitung* eines Gesprächs können Erkenntnisse mit dem inneren Team besprochen und daraus Konsequenzen für die eigene Haltung abgeleitet werden. Gelegentliche Selbstreflexionen über die eigene Entwicklung, wie sich persönliche Prioritäten verschoben haben, welche Fähigkeiten neu hinzugekommen sind und welche Probleme gelöst wurden, festigen das Selbstbewusstsein. Die eigene Lernfähigkeit und Dynamik tritt ins Bewusstsein, und damit vergrößert sich auch der Toleranzspielraum für die Veränderungen bei anderen Menschen.

Die Einstellung verändern

Die Einstellung gegenüber dem Gesprächspartner trägt entscheidend zum Gelingen oder Misslingen der Kommunikation bei. Eine negative Einstellung gegenüber dem Gesprächspartner wird nicht zum Erfolg führen. In der Regel bricht die Kommunikation dann relativ schnell ab.

Positives Denken kann trainiert werden und wird auch allen empfohlen, die Erfolg haben möchten. Doch Einstellungen gehören zur Identität: Sie haben sich aus Erfahrungen gebildet und sind eine Referenzgröße, um den Alltag zu bewältigen. Wer sich einfach umpolt, riskiert auch, sich zu überfordern und seine natürlichen Abwehrmechanismen auszuschalten. Manchmal reicht es schon, einfach nur ein Fragezeichen hinter eigene Einstellungen zu setzen und sie als mögliche, nicht zwingend richtige und vor allem veränderbare Bewertungen zu betrachten.

Eine andere Perspektive einnehmen

Eine andere Sichtweise einnehmen tut dem Kopf gut, denn es macht das Denken beweglich. Erlebnisse müssen nicht einseitig bewertet werden, sie haben stets positive und negative Aspekte. Anregungen lassen sich auch aus den Positionen anderer Menschen gewinnen. Mit ihrem Erfahrungshintergrund kommen sie zu anderen Schlussfolgerungen als man selbst. Ihnen sind andere Dinge wichtig, was ein Hinterfragen der eigenen Prioritäten anstoßen kann.

Ein antizipierender ▶ Perspektivenwechsel ist eine gute Gesprächsvorbereitung. Mit der Beantwortung relativ weniger Fragen (z. B. Wie sieht seine Welt aus? Was beschäftigt ihn? Was möchte er von mir wissen?) stimmt man sich auf den zukünftigen Gesprächspartner ein und öffnet das Ohr.

In Alternativen denken

Rechthabereien stellen eine große Hürde für die Kommunikation dar. Es sind Positionen, die eisern verteidigt werden und keine Korrekturen zulassen. Sinn der Kommunikation sind aber genau diese Korrekturen – wenn man nicht im Gleichklang einheitlicher Meinung verharren möchte. Um nicht selbst unbeweglich zu werden, empfiehlt sich ein Alternativen-Training. In Alternativen denken heißt,

- die bisherigen Schlussfolgerungen durch neuartige zu ergänzen,
- mehrere Handlungsoptionen zu entwickeln,
- sich unterschiedliche Zukunftsszenarien phantasievoll auszumalen.

Mit diesem Rüstzeug an Varianten ist es leichter, auf eine unerwartete Gesprächsentwicklung flexibel zu reagieren. Enttäuschungen werden schneller verarbeitet und das Umstellen auf neue Bedingungen geht spielerischer.

5.3 Mit welchen Methoden können Gruppengespräche geführt werden?

Sitzungsleitung

Die Kommunikation in Gruppen entwickelt eine eigene Dynamik, die schwieriger zu steuern ist als im Zweiergespräch. Mit einer guten Vorbereitung auf Gruppengespräche können wahrscheinlich auftretende Unklarheiten oder kritische Momente beseitigt beziehungsweise abgefedert werden. Gewisse Probleme – gerade in geschäftlichen Meetings – sind voraussehbar. Die Eingeladenen haben eine Reihe von Fragen, auf die sie gerne eine Antwort möchten:

1. Warum ist das Meeting notwendig?
2. Um was geht es?
3. Wer nimmt daran teil und in welcher Funktion?
4. Was soll mit dem Meeting erreicht werden?

In der Regel wird vor formellen Sitzungen eine Einladung mit Traktanden und Teilnehmerliste verschickt. Grund und Zielsetzung der Sitzung sind damit aber noch nicht bekannt und die Eingeladenen wissen noch nicht, welche Aufgaben ihnen zugedacht werden. Für die Teilnehmenden macht es einen Unterschied, ob es sich um eine Informationsveranstaltung, ein Treffen zum Ideensammeln, einen Rückblick mit Situationsanalyse oder eine Entscheidungssitzung handelt, in der ihr Urteil gefragt ist. Sie werden sich nicht entsprechend vorbereiten können, um während der Sitzung angemessen zu agieren. Anlass, Zielsetzung und die Rollen der Eingeladenen sollten deshalb zu Beginn des Meetings geklärt werden. Wird nicht darüber gesprochen, bleiben Fragezeichen, und schlimmstenfalls gehen die Teilnehmenden einfach wieder auseinander und fragen sich, was das Meeting gebracht hat.

Mit dem ▶ Situationsmodell kann auf oben dargestellten Fragen systematisch eingegangen werden. Es veranschaulicht, welche Faktoren die Situation «Gruppengespräch» bestimmen, und eignet sich sowohl als Analyseinstrument, um herauszufinden, warum kein Ergebnis zustande kam, wie auch als Konzept zur Meetingsvorbereitung.

Moderation

Die ▶ Moderation ist eine Technik zur Leitung von Gruppengesprächen. Die Gruppe erarbeitet ihre Lösungen selbst, der Moderator steuert nur den Ablauf. Es ist eine Art «Geburtshelfertechnik», die den Teilnehmenden bei ihrem Problemlösungsprozess entscheidend Hilfe leisten kann.

Metakommunikation

In der Metakommunikation wird thematisiert, wie miteinander kommuniziert wird. Die Beteiligten begeben sich dafür auf eine Ebene, die über dem inhaltlichen Austausch liegt. Sie betrachten auf dieser *Metaebene,* was sich während des Gesprächs abgespielt hat und wie sich die einzelnen Beteiligten dabei gefühlt haben. So gesehen ist die Metakommunikation ein ▶ Feedback über die Art und Weise des Gesprächsverlaufs, das sich die Beteiligten gegenseitig geben. Man sollte sich vom Gesprächsinhalt und seiner Logik lösen und ganz auf das konzentrieren, was während des Gesprächs gut oder nicht so gut gelaufen ist. Metakommunikation wird daher auch bei Kommunikationsstörungen und Konflikten eingesetzt oder dann, wenn solche vermutet werden. Sie setzt allerdings voraus, dass die Anwesenden bereit sind, über ihre Befindlichkeit zu sprechen, auch auf die Gefahr hin, dass ihre Eindrücke auf die anderen befremdend wirken.

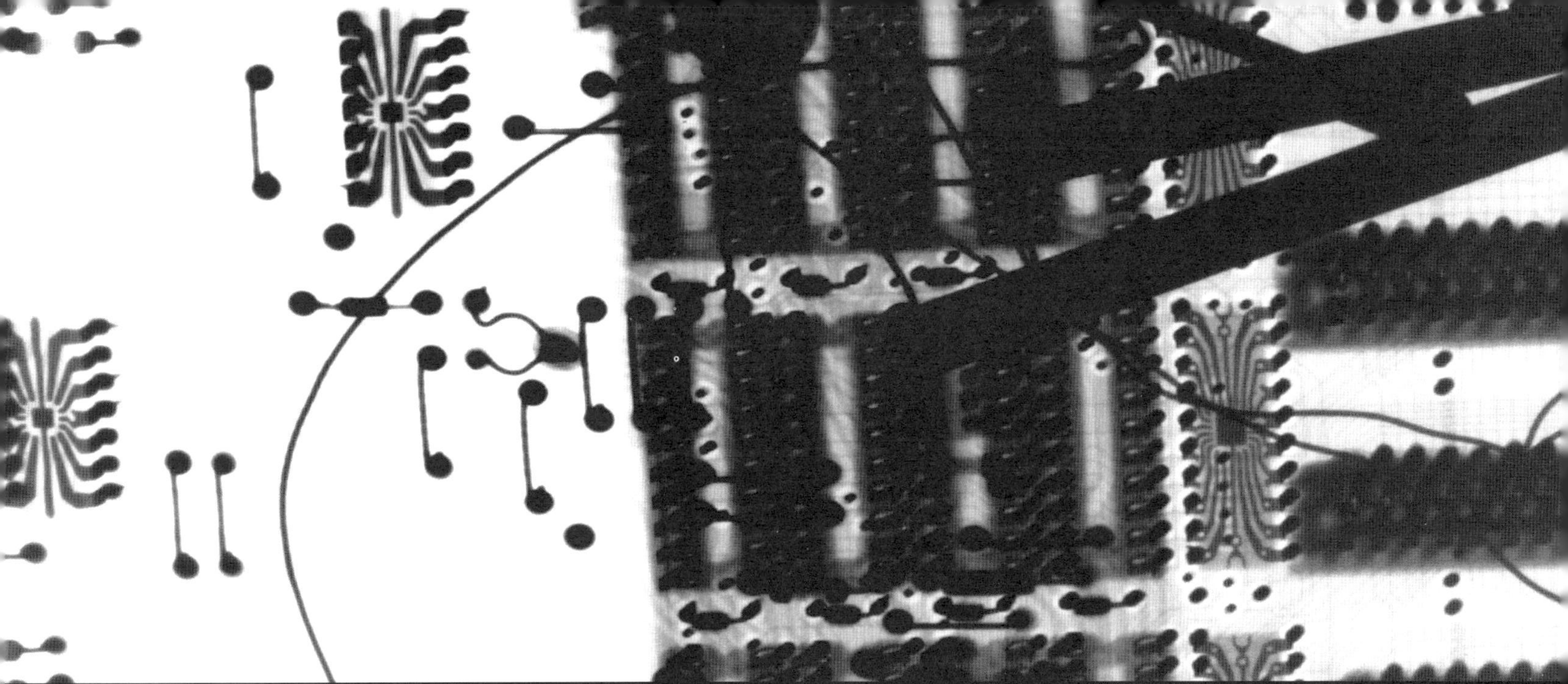

Kommunikation von A bis Z

Aktives Zuhören

Begriff ____ Aktives Zuhören ist ein Intensivieren der Aufnahmebereitschaft, um einen anderen Menschen in seiner Gedanken- und Gefühlswelt besser zu verstehen.

Vorgehen ____ Es werden drei Stufen der Intensivierung unterschieden (Schulz von Thun et al. 2008, 70–81):

1. *Aufmerksamkeit zeigen:* Dem Gesprächspartner wird signalisiert, dass man «ganz Ohr» ist. Dies unterstreicht man mit sogenannten Telefonlauten («hmm», «ja») und einem direkten Blickkontakt. Diese Aufmerksamkeitssignale sind bei jedem Gespräch notwendig.
2. *Zusammenfassen:* Der Zuhörer fasst die wesentlichen Aussagen zusammen und überprüft damit, ob er den Sender inhaltlich richtig verstanden hat.
3. *Gefühle ansprechen:* ▶ Gefühle, die der Sprechende auf verbale oder nonverbale Art vermittelt, werden vom Zuhörer als eine «Gefühlsvermutung» angesprochen. Damit fühlt sich der Gesprächspartner auch in seinem subjektiven Standpunkt ernst genommen. Er muss zu seinen Gefühlen Stellung nehmen und sie je nachdem präzisieren. Dies kennzeichnet eine vertrauensvolle Beziehung.

Voraussetzungen ____ Aktives Zuhören setzt echtes Interesse am anderen Menschen voraus. Es muss die Bereitschaft vorhanden sein, sich Zeit zu nehmen, Störungsquellen auszuschalten und während des Zuhörens andere Aktivitäten (auch im Bewusstsein) sowie alle inneren Einwände zurückzustellen. Es geht um die Sichtweise und das Erleben der anderen Person (▶ Perspektivenwechsel). Beim aktiven Zuhören wird das Selbstoffenbarungs-Ohr geöffnet (▶ Vier-Ohren-Modell). Rückfragen sind zulässig, dürfen aber nicht Verhörcharakter annehmen. Die Gesprächsführung wird der anderen Person überlassen, auch wenn sie schweigt. Bevor ein derartiges Gespräch begonnen wird, muss man sich darauf vorbereiten, dass es auch schwierige Phasen geben kann, in denen keine Lösung sichtbar ist und wo es sogar zu Tränen kommen kann.

Anwendung Aufmerksamkeitssignale gehören zu den Selbstverständlichkeiten der Kommunikation. Die gegenseitige inhaltliche Kontrolle des Besprochenen unterbleibt jedoch häufig, was zu Missverständnissen führen kann. Das Verständnis für die Befindlichkeit des Gesprächspartners sollte latent immer vorhanden sein. Das Aussprechen einer Gefühlsvermutung ist jedoch nicht in jeder Situation angebracht.

Aktives Zuhören ist ein Angebot, das der Gesprächspartner annehmen oder ablehnen kann. Geht er darauf ein und öffnet sich, kann sich ▶ Vertrauen zwischen den Kommunizierenden aufbauen. Lösungen, die auf diesem Weg erarbeitet werden, sind im Einklang mit der betreffenden Persönlichkeit und haben daher größere Chancen, umgesetzt zu werden und dauerhaft zu sein.

Fazit Aktives Zuhören kann sehr viel Spaß machen. Das kommt auf den aktuellen Zustand der fremden Innenwelt an. Eine lebendige Schilderung von persönlichen Erlebnissen spricht die Gefühle aller Anwesenden an, schafft Nähe und ist einfach erfrischend.

Praxistipps

Die dritte Stufe des aktiven Zuhörens (Gefühlsvermutung) kann eingesetzt werden, wenn
- über einen schwierigen, komplizierten, emotional besetzten Sachverhalt gesprochen wird,
- es zu einem Streitgespräch kommt, um die gegnerische Meinung zu verstehen,
- der Gesprächspartner Unterstützung bei seiner Standpunktklärung haben möchte.

Nicht geeignet ist die Gefühlsvermutung
- bei persönlichen verbalen Angriffen. Das wohlmeinende Verständnis für die momentane Verfassung des Angreifers wirkt überheblich und gießt Öl ins Feuer.
- bei der Weigerung des Gesprächspartners, über persönliche Dinge zu sprechen. Diese Entscheidung ist zu akzeptieren.

Literatur und Links

Fournier, G./Evans, D. (2007): Carlos Ghosn. A study of Diversity Management in the Framework of Strategic Alliance.

Motschnig, R./Nykl, L. (2009): Konstruktive Kommunikation.

Attributionen

Begriff ____ Attributionen sind Zuschreibungen von Attributen (Merkmale, Eigenschaften), die mit einer Person oder einem Sachverhalt verbunden werden, um Vorgänge oder menschliches Verhalten zu erklären. Mit Attributionen wird ein Zusammenhang zwischen Ursache und Wirkung hergestellt mit dem Ziel, den Sinn von Prozessen und Handlungen zu erkennen. Attributionen stützen sich nur zum Teil auf Fakten und beruhen im Wesentlichen auf Annahmen, die für den Einzelnen plausibel sind. Attributionen sind häufig ein Gesprächsthema, lenken aber auch unausgesprochen den Gesprächsverlauf.

Attributionstheorien ____ Attributionstheorien beschäftigen sich damit, wie sich Menschen eigenes und fremdes Verhalten erklären. Sie geben einen Einblick, wie Wahrnehmungen in die ▶ inneren Bilder eingeordnet werden, und untersuchen, warum es eine Resistenz gegenüber neuartigen Informationen gibt (Gehm 2006, 51–59, siehe Beispiel).

Ein schlechter Tag

Es gibt Tage, an denen will überhaupt nichts gelingen. Es beginnt bereits am Morgen, und die Misserfolge, unerfreulichen Nachrichten und Ärgernisse ziehen sich durch den ganzen Tag. Es wäre am besten gewesen, gar nicht erst aufzustehen. Warum ist das so? Mögliche Gründe:

- Es sind Anzeichen, dass diese Person ihr Leben ändern sollte.
- Es ist ein dummer Zufall.
- Die betreffende Person ist mit dem falschen Bein aufgestanden.
- Es ist Vollmond oder eine ungünstige Sternkonstellation.

Die Liste lässt sich beliebig erweitern. Diese Art der Ursachenerklärung wird unter dem Begriff *Alltagstheorien* zusammengefasst.

Grundstrategien ____ Die Ursache für ein bestimmtes Verhalten kann

- in den Fähigkeiten und Eigenschaften einer Person (intern) begründet sein,
- an den glücklichen oder unglücklichen Umständen (extern) liegen,
- darauf zurückzuführen sein, dass eine Person im Einklang mit ihrer Umgebung handeln will oder muss (Gruppendruck),
- an der Einschätzung der Person liegen, dass sie nach reiflicher Überlegung handelte oder keine Wahl hatte (Kontrollierbarkeit der Situation),

- mit der Wahrnehmung einer Person begründet werden, dass ihr Eingreifen die Situation entscheidend verbessert oder doch nichts nützt (Stabilität der Situation).

Wirkung auf das Selbstverständnis ___ Die Art der Ursachenzuschreibung hat Auswirkungen auf das Selbstbild und das Selbstvertrauen. Depressive Menschen sehen eine problematische Situation als dauerhaft und unveränderbar an und schreiben Misserfolge ihrer Unfähigkeit zu. Für erfolgreiche Menschen sind problematische Situationen vorübergehend und können dank der eigenen Fähigkeiten zum Positiven verändert werden. Gelingt ihnen trotzdem einmal etwas nicht, machen sie dafür eher die äußeren Umstände verantwortlich.

Erfolgsursachen

Wenn jemand mit einer Tätigkeit Erfolg hat, so kann dies viele Ursachen haben.
Interpretiert er diesen Erfolg als Folge seiner guten Leistung, dann hebt er damit sein Selbstwertgefühl.
Er kann aber auch für diesen Erfolg die glücklichen Umstände verantwortlich machen. Dies wird er tun, wenn er bescheiden wirken will oder sich zu wenig zutraut.
Seine Verantwortlichkeit nimmt er zurück, wenn er erklärt, dass er nur das gemacht hat, was alle anderen in einer vergleichbaren Situation auch getan hätten.
Vielleicht hat er sich auch gar nichts überlegt und wurde vom Erfolg überrascht.
Oder er verweist mit einem gewissen Stolz darauf, dass er aufgrund einer gründlichen Situationsanalyse die passende Lösung gefunden habe und sie mit seinen Fähigkeiten problemlos umsetzen konnte.

Praxistipps

Eine kritische Auseinandersetzung mit den eigenen Attributionen kann eingefahrene Denkmuster aufdecken, die beispielsweise für die Überbewertung von Misserfolgen und die Unzufriedenheit mit der eigenen Person verantwortlich sind. Das öffnet den Weg für Alternativen. Wie andere Menschen sich unser Verhalten erklären, kann anregend, aber auch verletzend sein. Nicht immer ist es möglich, fremde Attributionen zu verändern.

Literatur und Links

Parkinson, B. (2007): Soziale Wahrnehmung und Attribution.

Einstellung

Begriff ______ Die Einstellung ist die wertende Einschätzung gegenüber einer Person oder Sache. Sie hat eine rationale (kognitive), eine gefühlsmäßige (affektive) und eine handlungsleitende (intentionale) Komponente. Die Einstellung ist relativ stabil, was ein konstantes Verhalten gegenüber den bewerteten Personen oder Sachen zur Folge hat. Ein neuer Sachverhalt oder bisher unbekannte Informationen können die Einstellung verändern.

Aufbau ______ Die Einstellung ist das Ergebnis von kognitiver Informationsverarbeitung und von Erfahrungen mit Menschen und dem Gebrauch von Gegenständen (Lernprozess).

Prozesse der Einstellungsbildung

Prozess	Beschreibung
❶ **kognitiv**	Die Meinungsbildung über eine Person, die Beurteilung eines Sachverhalts, die Eignungsprüfung eines Objekts zur Erfüllung eigener Bedürfnisse.
❷ **affektiv**	Zuneigung (Sympathie) oder Ablehnung (Antipathie) gegenüber einer Person oder Sache. Empfinden von Lust oder Unlust.
❸ **intentional**	Die Absicht, mit einer Person in Beziehung zu treten oder ein Objekt zu erwerben.

Die drei Prozesse wirken aufeinander und beeinflussen sich gegenseitig. Verändert sich beispielsweise ❶ die Meinung über eine Person, dann ändern sich auch ❷ die gefühlsmäßige Einstellung und ❸ das Verhalten ihr gegenüber. Angestrebt wird Harmonie (Konsistenz) zwischen Denken, Fühlen und Handeln. Ist dies nicht der Fall, dann kommt es zu Dissonanzen, die aufzulösen sind (▶ kognitive Dissonanz). In der Regel ist die Einstellung in einer der drei Komponenten verankert, meist in derjenigen, in der sie sich ursprünglich gebildet hat.

Veränderung der Einstellung ______ Die Einstellung ist zwar eine auf Dauer angelegte Prägung, aber sie passt sich an neue Bedingungen an. Aktiv kann sie am effizientesten dort verändert werden, wo sie verankert ist:

- Meinungen werden durch Argumente verändert (kognitiv).
- Der gefühlsmäßige Zugang wird durch Erzeugen von angenehmen oder unangenehmen ▶ Emotionen verändert (affektiv),
- Das Verhalten wird durch Verhaltensmaßnahmen und -regeln verändert (intentional).

Funktionen ______ Einstellungen haben einen Nutzen im Alltag. Für den Einzelnen können sie folgende Funktionen übernehmen:

Bereich	Funktion
Wissen	Einstellungen haben eine Orientierungsfunktion für die Informationsaufnahme und -verarbeitung. Eine negative Einstellung gegenüber einem Unternehmen macht es beispielsweise überflüssig, sich mit seinen Angeboten und Werbebotschaften auseinanderzusetzen. Das birgt natürlich die Gefahr von Fehlurteilen. Damit können einem auch Chancen entgehen.
Soziale Einbindung	Einstellungen können instrumentell dazu eingesetzt werden, sich bei einem bestimmten Personenkreis beliebt oder unbeliebt zu machen.
Soziale Identität	Mit ihren Einstellungen definiert sich eine Person in ihrem sozialen Umfeld.
Selbstkonzept	Einstellungen dienen der Ich-Verteidigung durch Projektion von negativen Eigenschaften auf eine Person oder Sache, um sich selbst zu entlasten.

Literatur und Links

Haddock, G./Maio, G.R. (2007): Einstellungen: Inhalt, Struktur und Funktionen.

Emotionen

Begriff Emotionen sind kurze, heftige Gefühlsausbrüche, begleitet von deutlich wahrnehmbaren körperlichen Reaktionen. Der gesamte Mensch kommt innerlich (und gegebenenfalls auch äußerlich) in Bewegung und hat den Drang zu handeln. Die Gefühle sind so stark, dass sie das rationale Denken in den Hintergrund drängen. Emotionen sind gefühlsmäßige Reaktionen auf erfüllte oder versagte Wünsche, Bedürfnisse oder Erwartungen. Dabei spielt es keine Rolle, ob das Ereignis real eintritt oder nur vorgestellt wird – so wie die ruhigeren Gefühle auch durch Erinnerungen wachgerufen werden können (▶ Gefühle). Je bedeutsamer ein Ereignis subjektiv erlebt wird, umso intensiver ist das emotionale Empfinden. Der Emotion geht also ein Bewertungsprozess voraus, wobei sich dieser rasch und unbewusst abspielen kann.

Eigenschaften von Emotionen Emotionen entstehen schnell, sind intensiv, dauern aber nicht lange. Im emotional erregten Zustand wird viel Energie mobilisiert, die «Gefühlsspitzen» können von einem Extrem ins andere wechseln je nach Situation und Nahrung, die die Emotion erhält. Außerdem sind Emotionen ansteckend: die Anwesenden können sich nur schwer ihrer Wirkung entziehen und ruhig bleiben. Bis zu einem gewissen Grad sind Emotionen willentlich beeinflussbar, das heißt, sie können abgeschwächt oder intensiviert werden. Wird ihnen allerdings ihre Berechtigung abgesprochen, werden sie explosiv und unkontrollierbar.

Emotionen im Alltag Die Emotionalität ist ein Teil der Persönlichkeit. In Form von Begeisterungsfähigkeit gibt sie beispielsweise Energie zum Handeln (Motivation). Für andere wahrnehmbar sind Emotionen vorwiegend über Mimik und Stimmgestaltung. Ein emotional erregter Mensch spricht mit verändertem Atem, spezifischer Modulation der Stimme, intoniert seine Worte anders als im ruhigen Zustand und verändert seine Körpersprache (▶ Signal). Emotionen zeigen meist unmittelbar und echt, wie es einer Person im Moment geht. Ein gutes Zusammenleben beruht unter anderem darauf, dass fremde Emotionen erkannt, richtig interpretiert und akzeptiert werden. Genauso wichtig ist es, die eigenen Emotionen ernst zu nehmen und ihnen Ausdruck zu verleihen (siehe Beispiel).

Emotionen am Arbeitsplatz

Claudia C. ist unsicher, ob sie eine bestimmte Aufgabe gut gemacht hat. Ihr Vorgesetzter Peter P. ist eher wortkarg und äußert sich selten über die Qualität der Arbeit seiner Mitarbeitenden. Die Leistung von Claudia C. hat ihn aber so beeindruckt, dass er zu ihr ins Büro kommt und sagt: «Diesen Auftrag haben Sie ausgezeichnet erledigt.» Claudia C. kann das Aufblitzen in ihren Augen, das erleichterte Lächeln und eine aufsteigende Röte im Gesicht nicht verbergen. So zeigt sich bei ihr freudige Überraschung. Peter P. lächelt und nickt leicht mit dem Kopf, ein Zeichen seiner großen Zufriedenheit.

Hintermann 2007, 104

Praxistipps

Emotionen regulieren: Emotionen lassen sich beeinflussen und steuern, sowohl bei sich selbst als auch bei anderen:

- Über gelenkte Vorstellungen können Emotionen erzeugt und abgeschwächt werden. Im Mentaltraining wird beispielsweise ganz bewusst mit Vorstellungen gearbeitet.
- Emotionen erhalten Nahrung, wenn ein ähnlich geartetes Ereignis hinzutritt. Das ist beispielsweise für den Ärger ein neues Ärgernis.
- Emotionen werden intensiver, wenn sie keine Daseinsberechtigung erhalten. So erreichen beispielsweise Beruhigungsmanöver («Regen Sie sich doch nicht so auf!» oder «Können wir einmal sachlich reden?») genau das Gegenteil.
- Emotionen schwächen sich ab, wenn sie wahr- und ernst genommen werden, Interesse und Verständnis für die Ursachen der Aufregung gezeigt wird und die erregte Person mit ihrer Emotionalität akzeptiert wird.

Literatur und Links

Merten, J. (2003): Einführung in die Emotionspsychologie.

Feedback

Begriff ___ Feedback ist die Rückmeldung des Empfängers an den Sender, dass, ob und wie er die Nachricht verstanden hat.

Formen ___ Die Rückmeldung des Empfängers – meist mit *non-verbalen* ▶ Signalen – ist für die mündliche Kommunikation unerlässlich. Sonst wird der Sender verunsichert und weiß nicht, ob der Empfänger ihm noch zuhört. *Verbalisiertes* Feedback ist die Reaktion des Empfängers auf Aussagen oder Handlungen des Senders. Sie dienen ebenfalls der Orientierung (vgl. Gehm 2006, 128–134).

Regeln ___ Die Einhaltung folgender Regeln erleichtert die Akzeptanz des Feedbacks beim Feedback-Nehmer:

- Feedback ist *subjektiv:* Der Feedback-Geber spricht das aus, was er im Moment als Wahrheit erlebt. Damit ist kein Anspruch auf objektive Richtigkeit verbunden. Feedback ist dennoch nicht beliebig, sondern sollte nachvollziehbar und nachprüfbar formuliert werden.
- Feedback ist *freiwillig:* Der Feedback-Nehmer muss für diese Wahrheit empfänglich sein. Das ist er nicht zu jedem Zeitpunkt. Die Einwilligung des Feedback-Nehmers, ob er überhaupt und im jetzigen Moment ein Feedback haben möchte, ist daher unverzichtbar.
- Feedback braucht ein *Ziel:* Es sollte klar sein, was mit einem Feedback erreicht werden soll.
- Feedback ist *freilassend:* Der Feedback-Nehmer ist vollkommen frei darin, welche Rückmeldung er annehmen möchte und was er damit macht. Ein Feedback kann eindringlich formuliert sein, ist aber kein Befehl.
- Feedback ist *konkret:* Ein erwünschtes Feedback ist für den Feedback-Nehmer am hilfreichsten, wenn es möglichst konkret Beobachtungen schildert und keine Pauschalurteile enthält.
- Feedback ist *konstruktiv:* Die Motive für ein Feedback-Gespräch sollten auf beiden Seiten wohlwollend sein und die gegenseitige Anerkennung sollte im Vordergrund stehen. Konstruktives Feedback gibt möglichst getreu die eigenen Beobachtungen wieder und verzichtet auf Wertungen.

Feedback wird in der Regel ausgesprochen, wenn das Verhalten einer Person anders ist als vorher. Die Abweichung kann positiv sein (Lob) oder Korrekturen (Kritik) anregen.

Anleitung zu positivem Feedback (Lob)

- Sprechen Sie von sich und geben Sie Einblick in Ihr Erleben.
- Schildern Sie, was Sie konkret wahrgenommen haben.
- Teilen Sie mit, was die Beobachtung für Sie bedeutet, damit Ihr Gesprächspartner die Wichtigkeit des Lobs einschätzen kann.
- Erwähnen Sie auch die zukünftigen Konsequenzen, wenn die gelobte Person in der bisherigen Art weitermachen sollte.

Mit diesem Vorgehen legen Sie Ihre innere Seite und Ihren Bewertungsmaßstab offen. Das Lob bezieht sich auf ein konkretes Verhalten. Der Empfänger weiß, an was er sich orientieren kann, um in Zukunft wieder einen positiven Eindruck bei Ihnen zu erreichen.

Anleitung zu negativem Feedback (Kritik)

- Kritik macht erst Sinn, wenn der Feedback-Nehmer ein bestimmtes Ziel erreichen will oder die Annäherung an ein gemeinsam vereinbartes Ziel genauer betrachtet werden soll.
- Nehmen Sie sich Zeit für dieses Gespräch und wählen Sie einen Ort, an dem Sie nicht gestört werden.
- Schildern Sie Ihre Wahrnehmungen so konkret wie möglich.
- Teilen Sie mit, wie wichtig das Beobachtete für Sie ist, damit der Feedback-Nehmer die Relevanz seines Fehlverhaltens einschätzen kann.
- Sagen Sie konkret, was der Feedback-Nehmer ändern soll, und bleiben Sie dabei realistisch.
- Beschreiben Sie die zukünftigen Konsequenzen, wenn der Feedback-Nehmer sein Verhalten nicht ändern sollte.
- Beenden Sie das Gespräch positiv. Wenn Sie dem Feedback-Nehmer die Zielerreichung zutrauen, sprechen Sie dies aus.

Auf diese Weise wird das ▶ Selbstwertgefühl des Feedback-Nehmers respektiert und er kann die Kritik annehmen. Er weiß konkret, was er in Ihren Augen nicht gut gemacht hat. Und er weiß auch, was er tun muss, um wieder Ihre Anerkennung zu erhalten.

Literatur und Links

Lindemann, G./Heim, V. (2010): Erfolgsfaktor Menschlichkeit. Wertschätzend führen – wirksam kommunizieren.

Fragen

Begriff ___ Fragen sind ein sprachliches Mittel, das eingesetzt werden kann, um

- Informationen einzuholen,
- Interesse zu signalisieren,
- eine Thematik zu vertiefen,
- die Kommunikation in die gewünschte Richtung zu lenken.

Fragen verleihen einem Dialog Dynamik, indem sie die Eintönigkeit von Aussagesätzen unterbrechen.

Arten ___ Mit Fragen werden unterschiedliche Zielsetzungen verfolgt, die den einzelnen Fragearten ihre Namen geben:

Zielsetzung	Beispiel	Frageart
eine Information erhalten	Wo treffen wir uns?	Informationsfrage
eine Entscheidung veranlassen	Sehen wir uns heute oder morgen?	Entscheidungs- oder Alternativfrage
die Meinung erfragen	Was halten Sie von unserem neuen Chef?	Meinungsfrage
die Richtigkeit überprüfen	Gehen Sie davon aus, dass wir zusammenarbeiten?	Kontrollfrage
eine präzisere Beschreibung erhalten	Wie meinen Sie das?	Gegenfrage
indirekt eine Information erfragen	Finden Sie Primitivo auch einen guten Wein? (um zu erfahren, ob jemand Alkohol trinkt)	Fangfrage
die eigene Meinung bestätigt bekommen	Haben Sie diese Veranstaltung nicht auch sehr spannend gefunden?	Suggestivfrage
einen Aufhänger für die eigenen Ausführungen haben	Welche Herausforderungen werden auf uns zukommen?	Rhetorische Frage

Des Weiteren werden geschlossene und offene Fragen unterschieden:

1. *Geschlossene* Frage: Die Antwort lautet immer Ja oder Nein
   - Möchten Sie einen Kaffee?
   - Habe ich Sie richtig verstanden?

   Geschlossene Fragen engen ein, lassen nur klare Ja- oder Nein-Antworten zu und verringern den Raum für «Zwischentöne». Hintergründe und Motive des Gesprächspartners werden dabei außer Acht gelassen. Bei wiederholtem Einsatz von geschlossenen Fragen entsteht der Eindruck eines Kreuzverhörs. Sie sind dann geeignet, wenn man vom Gesprächspartner eine konkrete, eindeutige und nicht mehr revidierbare Stellungnahme erhalten will. Kontrollfragen, die für die inhaltliche Verständigung wichtig sind, sind geschlossene Fragen.

2. *Offene* Frage: Die Antwort setzt sich in der Regel aus einem oder mehreren Sätzen zusammen.
   - Wie geht es Ihnen?
   - Was denken Sie darüber?

   Offene Fragen beginnen mit einem W: Wer, was, wie, wo, warum etc. Besonders die Fragen nach dem Wie und Warum verlangen nach einer umfassenden Antwort und lassen dem Gesprächspartner viel Raum, um seine Sichtweise darzustellen.

Warum- und Wie-Fragen werden methodisch mit der *Laddering-Technik* (Leitertechnik) eingesetzt, um stufenweise die zentralen Werte oder das Innovationspotenzial einer Person zu erfragen.

- Bottom-up-Laddering: Ausgehend von als wesentlich identifizierten Eigenschaften wird eine Person gefragt, warum diese für sie wichtig sind. Bei jedem neu auftretenden Aspekt wird wieder nach dem Grund gefragt, so lange bis die zentralen Werte zutage treten.
- Top-down-Laddering: Ausgehend von formulierten Zielen wird eine Person gefragt, mit welchen Maßnahmen diese erreicht werden können. Bei jedem neu auftretenden Aspekt wird wieder nach der konkreten Umsetzung gefragt, so lange bis alle Möglichkeiten erschöpft sind.

Literatur und Links

Laddering-Technik:
www.medialine.de/deutsch/wissen/ medialexikon.php?snr=3258

Frame- und Skript-Theorie

Frame ____ Ein Frame (engl. für Rahmen) ist organisiertes Hintergrundwissen zu einem bekannten Sachverhalt (Standardsituation). Frames bilden sich aus Erfahrungen mit der Objektwelt. Sie sind Vorstellungen darüber, wie ein bestimmter Sachverhalt zu sein hat. Frames sind individuell – selbst wenn gewisse Elemente darin allgemeingültig sein können – und sie sind kulturgeprägt (▶ Kultur). Im Gegensatz zu mentalen Modellen sind Frames nicht primär logisch aufgebaut, sondern statisch. Sie sind vergleichbar mit einem Bühnenbild (siehe Abbildung).

Beispiel eines Frames ____ Das Frame «Restaurant» kann folgende Merkmale (Attribute) beinhalten: mehrere Tische mit Stühlen, Garderobe, Theke, Speisekarten, Geschirr und Besteck, Servicepersonal, Reservationsbuch, Toiletten. Dieser Bezugsrahmen macht Alltagshandeln problemlos. Sobald das Wort «Restaurant» gehört oder gelesen wird, wird das entsprechende Hintergrundwissen aufgerufen, eine neue Information dazu in Bezug gesetzt, interpretiert und im Kontext schnell verstanden. Fehlt jedoch in der realen Objektwelt ein Attribut (z.B. die Speisekarte), löst dies Verwirrung aus.

Ein mögliches Frame «Restaurant»

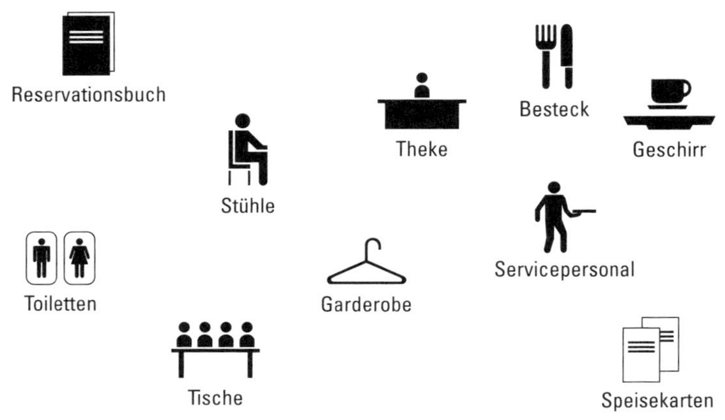

Reframing

Reframing («Neurahmung») oder Umdeutung ist eine Methode aus der Familientherapie, die eingesetzt wird, um festgefahrene Denkmuster aufzubrechen. Eine Situation wird dabei aus einem anderen Blickwinkel betrachtet. Sie erhält dadurch einen anderen Rahmen und verändert ihre Bedeutung. Wer sich beispielsweise immer als Opfer sieht, wird gefragt, zu welchen Schritten er sich jeweils in den kritischen Situationen entscheidet. Er erhält auf diese Weise eine aktive Rolle zugewiesen, die sein bisheriges Selbstbild verändert.

Skript ——— In einem Skript (aus dem engl. *script* für Drehbuch) ist festgehalten, wie bestimmte typische Situationen ablaufen. Skripts bilden sich wie Frames ebenfalls aus Erfahrungen, sind individuell und kulturbedingt. Skripts enthalten – im Gegensatz zu den statischen Frames – zeitlich aufeinanderfolgende Schritte. Sie sind vergleichbar mit einem Drehbuch.

Beispiel eines Skripts ——— Das Skript eines Restaurantbesuchs kann folgende Schritte enthalten: Betreten des Restaurants, Wahl eines passenden Tischs, kurzes Gespräch mit dem Servicepersonal, Entgegennehmen und Studieren der Speisekarte, Bestellen, Warten auf Essen und Trinken, Verzehr der Speisen und Getränke, Bezahlung, Verlassen des Restaurants.

Kritik ——— Die Frame- und Skript-Theorie bietet eine leicht verständliche und bildhafte Erklärung für das Erfahrungswissen an. Die Theorien machen nachvollziehbar, warum in einem Gespräch über Alltagssituationen nicht jedes Detail ausgeführt werden muss. Was nicht ausgesprochen wird, kann der Gesprächspartner dank der passenden gemeinsamen Frames und Skripts erschließen. Mit diesem Hintergrundwissen können wir ebenso Texte schnell verstehen. Frames und Skripts beschreiben auch die Erwartungen, die an bestimmte Situationen gestellt werden.

Literatur und Links

Linke, A., et al. (2004): Studienbuch Linguistik.

Gefühle

Begriff ___ Ein Gefühl ist ein innerlich erlebter Zustand, der durch Wahrnehmungen, Vorstellungen, Erinnerungen oder Gedanken ausgelöst wird. Umgekehrt lenken Gefühle die Wahrnehmung, verändern Erinnerungen und Vorstellungen, greifen in den Gedankenfluss ein und wirken sich auf das körperliche Wohlbefinden aus. Bewusst wird ein Gefühl meist erst dann, wenn die Aufmerksamkeit auf die innere Befindlichkeit gerichtet wird (vgl. auch ▶ Emotionen).

Arten ___ Gefühl ist ein Oberbegriff für die verschiedensten Arten von Empfindungen (beispielsweise Freude, Trauer, Wut, Verzweiflung, Ekel, Angst, Überraschung, Interesse, Scham, Verachtung). Bei allem, was wir tun, sind Gefühle dabei, selbst wenn sie nicht immer bewusst wahrgenommen werden. Da die Übergänge von einem Gefühl zum anderen fließend sein können, entziehen sie sich einer strikten Kategorisierung. Sie können differenziert werden nach

- der Intensität ihres Auftretens: eine zarte Empfindung oder ein heftiger Gefühlsausbruch (▶ Emotionen und Affekt),
- der Dauer: eine relativ stabile Stimmung (wie z.B. optimistisch oder pessimistisch) oder eine schnell entstehende und verfliegende Emotion,
- der Kontrollierbarkeit: das Sich-Einlassen auf den anderen (Empathie) oder der Kontrollverlust beim Affekt,
- der Handlungstendenz: eine selbstgenügsame Stimmung oder das Bedürfnis, die Gefühlsenergie in Bewegung abzuleiten (Emotionen und Affekt).

Überblick über verschiedene Gefühlsarten	
Gefühl	subjektiver Erlebniszustand
Stimmung	eher mittel- und langfristiger Zustand, keine Handlungstendenz
Emotion	kurze, heftige Gefühlswallung mit Handlungstendenz und körperlichen Reaktionen
Affekt	Beiklang des Heftigen, Unkontrollierbaren
Empathie	Mitgefühl, Beziehung zu sich selbst und anderen

Das Geschenk

Über ein Geschenk muss man sich freuen. Wer das nicht tut, handelt sehr unhöflich. Es reicht nicht, nur Danke zu sagen. Wer sich nicht freut, muss wenigstens so tun, als ob er sich freuen würde. Dann verläuft die Situation «Geschenkübergabe» in den gesellschaftlich korrekten Regeln unserer Kultur.

Soziale Regeln ____ Gefühle sind subjektive, persönliche Regungen. Sie anderen vorzuschreiben oder von ihnen zu erwarten, wird als Übergriff erlebt. Ausschließlich individuell sind Gefühle jedoch nicht. Sie werden erlernt und zwar schon sehr früh. Der Gefühlsausdruck der Erzieher wird von Kindern imitiert und gleichzeitig wird aufgenommen, in welcher Situation welches Gefühl angebracht ist. Soziale Regeln klären, wann Gefühle abgeschwächt, übertrieben, unterdrückt oder maskiert werden müssen. Zur «guten Kinderstube» gehört nicht nur die Regulierung der eigenen Gefühle, sondern auch das Erkennen und richtige Reagieren auf die Gefühle der anderen Menschen (siehe Beispiel).

Instrument der Beeinflussung ____ Gefühle haben einen sozialen Zweck, denn sie erklären, warum wir etwas tun oder nicht tun. Wer Angst hat, von dem wird nicht verlangt, dass er eine Situation verändert. Mit Ärger soll erreicht werden, dass eine andere Person sich ändert. Freude soll anstecken, sich mitzufreuen. Es ist nicht notwendig, dass Gefühle bewusst manipulativ eingesetzt werden, eine entsprechende Wirkung erreichen sie trotzdem.

Praxistipps

In einer guten Kommunikation werden Gefühle nicht ausgeklammert, sondern als Teil der Persönlichkeit akzeptiert. Das heißt nicht, dass Gefühle das Thema des Gesprächs sein müssen, sondern nur, dass die Gesprächspartner ihre innere Seite zeigen dürfen, ohne abgewertet zu werden.

Ich-Aussagen

Begriff ——— Ich-Aussagen sind Formulierungen, mit denen eine Person von sich selbst spricht. Inhaltlich berichtet die Person davon, wie sie über etwas denkt, wie es ihr geht, wie sie etwas erlebt und was sie will. Sprachlich wird die Ich-Form verwendet: Die Sätze beginnen oft mit «ich», aber auch Formulieren wie «mir ist wichtig», «es ist mir ein Anliegen» oder «meiner Meinung nach» werden zu den Ich-Aussagen gezählt (Gehm 2006, 122–127).

Anwendung ——— Ich-Aussagen werden im Gespräch eingesetzt, wenn es um die Klärung des eigenen Standpunkts geht. Auch beim Feedback ist es wichtig, von der eigenen Warte aus zu sprechen. Ich-Aussagen haben eine starke Wirkung, weil sie dem Gesprächspartner anzeigen, dass der Sprechende in Selbstverantwortung handelt. Die Position des Sprechenden wird deutlich, und meist fordert dies den Gesprächspartner heraus, seine Position ebenfalls darzulegen. In Ich-Form geschilderte Eindrücke sind nicht zu widerlegen, da sie subjektives Erleben wiedergeben. Wünsche, Anliegen und Bedürfnisse finden eher Gehör, wenn sie in der Ich-Form formuliert werden.

Erweiterte Ich-Aussagen ——— Der persönliche Standpunkt ist trotz Ich-Aussagen nicht in jedem Fall nachvollziehbar. Wie sich dieser Standpunkt herausgebildet hat, kann dem Gesprächspartner mit erweiterten Ich-Aussagen erklärt werden, indem

1. eigenes Erleben ausgesprochen,
2. kurz und konkret die Ursachen für dieses Erleben genannt,
3. Auswirkungen auf die Situation dargestellt werden.

Erweiterte Ich-Aussage eines unzufriedenen Vorgesetzten

1. «Ich bin im Moment mit Ihren Leistungen nicht zufrieden.
2. Ich musste zweimal einen Kunden um Verständnis bitten, weil Sie mit Ihrer Arbeit noch nicht fertig waren. Mir ist aufgefallen, dass Sie seit einer Woche Ihre Aufträge im letzten Moment erledigen. Das stresst mich.
3. Ich bin nicht mehr bereit, Ihre Versäumnisse gegenüber Kunden zu entschuldigen. Bitte sagen Sie mir rechtzeitig Bescheid, wenn Sie einen Termin nicht einhalten können. Dann kann ich mit den Kunden noch nach einer Lösung suchen.»

Du-Aussagen Du-Aussagen sind Aussagen über eine andere Person (sei es in der vertraulichen Du- oder der förmlichen Sie-Form). Sie werden der betreffenden Person direkt mitgeteilt und beginnen meist mit «du» beziehungsweise «Sie». Zum Beispiel: «Du bist unzuverlässig», «Du kannst nicht einmal etwas für mich tun», «Du machst immer, was du willst». Werden Du-Aussagen wie in diesen Beispielsätzen mit einem Pauschalurteil verbunden, dann wehrt sich die angegriffene Person zu Recht, denn niemand zeigt ausnahmslos das kritisierte Verhalten. Das Gespräch verläuft in der Folge oft in Richtung Rechtfertigung oder Gegenangriffe. Damit wird kein günstiges Klima geschaffen, um eigene Anliegen anzubringen.

Verallgemeinerungen Anstelle der Ich-Form wird häufig zur Abschwächung eine Formulierung mit «man», «alle», «wir», «niemand», «jeder» oder ein Satz, der mit «es» beginnt, gewählt. Damit wird erreicht, dass die Person, die eine bestimmte Ansicht oder konkrete Wünsche hat, in der Allgemeinheit verschwindet beziehungsweise den Anschein erweckt, eine Mehrheit mit den gleichen Anliegen hinter sich zu haben. Das gibt den Aussagen nur vordergründig mehr Gewicht. Der Empfänger weiß jedoch nicht genau, wo er den Sender einordnen soll (siehe Tabelle). Es besteht damit die Gefahr, dass der Appellcharakter eines Anliegens untergeht.

Verallgemeinerung	Ich-Aussage
Man hat den Eindruck ...	Ich habe den Eindruck ...
Niemand ist perfekt.	Ich bin nicht perfekt.
Alle haben viel Arbeit.	Ich habe viel Arbeit.
Es ist verständlich ...	Ich verstehe ...

Praxistipps

Ich-Aussagen sind direkt. Sie können mit gesellschaftlichen Umgangsformen kollidieren, denn es ist nicht höflich, in erster Linie von sich selbst zu sprechen und nicht auf die Bedürfnisse der anderen einzugehen. Ich-Aussagen sollten deshalb gezielt zur Standpunktklärung und nur in kleinen Dosen zur Profilierung eingesetzt werden.

Innere Bilder

Begriff ____ Mit inneren Bildern ist die Organisation der Gedanken und ▶ Gefühle gemeint. Sie entstehen als Abbild der Wirklichkeit im Kopf und können erinnert werden. Die Struktur dieser Bilder zeigt, wie Wahrnehmungen verarbeitet und Handlungen konzipiert werden. Mentale Modelle veranschaulichen, wie Begriffe in der Vorstellung repräsentiert werden. Die innere Landkarte bezieht sinnliche Eindrücke und Gefühle mit ein.

Mentales Modell ____ Begriffe werden im Kopf mit all ihren Komponenten und Bezügen zu anderen Begriffen als mentales Modell gespeichert. Neue Informationen werden in vorhandenes Wissen eingeordnet und werden erst dann verstanden, wenn sie am richtigen «Ort» mit bekannten Begriffen verbunden werden. Erst der Kontext gibt den Sinn. Mentale Modelle werden schon in der Kindheit angelegt und sind individuell (siehe Abbildung).

Beispiel eines mentalen Modells für den Begriff «Kommunikation»

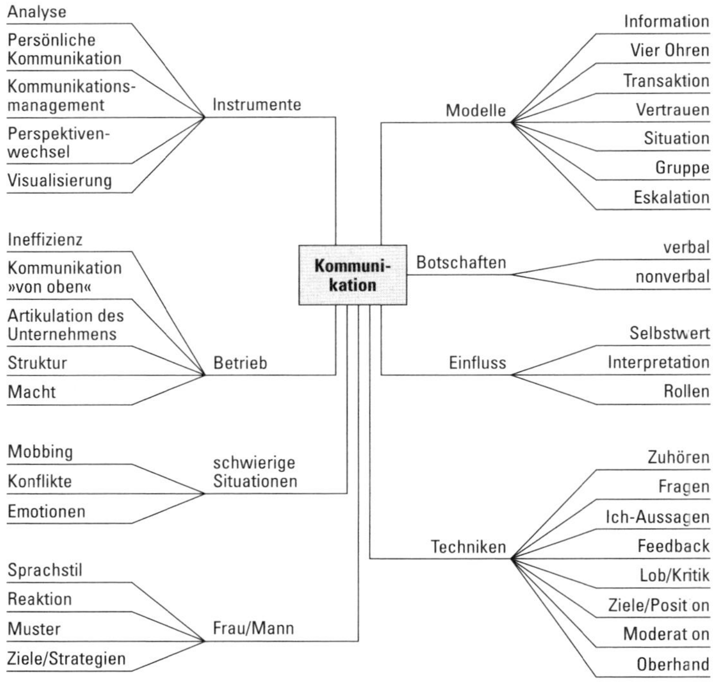

Quelle: Hintermann 2008a, 13

Innere Landkarte Die innere Landkarte ist ein bildlicher Ausdruck dafür, wie Menschen die sie umgebende Wirklichkeit in Gedanken abbilden. In dieser Landkarte ist beispielsweise enthalten,

- wie ich die Welt erlebe und mir ihre Funktionsweise erkläre,
- welchen Zusammenhang ich zwischen meinen Erfahrungen und dem, was ich als Realität ansehe, herstelle,
- was ich an Wissen und «richtigen» Verhaltensweisen gelernt habe,
- welche ethisch-moralischen Werte mir wichtig sind,
- wie ich meine, dass andere Menschen oder bestimmte Menschengruppen grundsätzlich geartet sind,
- wie ich selber bin, wie ich sein möchte und wie ich mich nach außen präsentieren will.

In der inneren Landkarte werden Begriffe mit Gefühlen und sinnlichen Wahrnehmungen verbunden. Aufgebaut wird sie aus Erfahrungen und aufgenommenem Wissen. Zwischen den einzelnen Begriffen werden Bezüge hergestellt wie beispielsweise Ursache-Wirkungs-Zusammenhänge, um Vorgänge zu verstehen. Die innere Landkarte dient dazu, sich in unterschiedlichen Situationen zurechtzufinden und sozial zu orientieren.

Kritik Die inneren Bilder werden angeregt durch Wahrnehmungen aus der Außenwelt. Wie jedoch diese Wahrnehmungen zusammengesetzt und zu einem Abbild der Wirklichkeit geformt werden, folgt einer individuellen Logik. Jeder Mensch konstruiert sich das, was er unter Wirklichkeit versteht, auf seine Weise (▶ Konstruktivismus). Wenn seine Konstruktion für ihn schlüssig ist, heißt das nicht, dass sie es auch für andere sein muss oder dass es die einzige Möglichkeit der Wirklichkeitsrepräsentation ist. Mit diesem Wissen im Hintergrund kann der Einzelne Distanz zu seiner persönlichen Wirklichkeitskonstruktion nehmen und fremdem Realitätserleben mehr Respekt und Interesse entgegenbringen.

Literatur und Links

Watzlawick, P. (2010): Wie wirklich ist die Wirklichkeit?

Watzlawick, P., et al. (2007): Menschliche Kommunikation.

Inneres Team

Begriff ______ Die Arbeit mit dem inneren Team ist ein methodisches Vorgehen zur Selbstklärung (nach Schulz von Thun 2010/3). Das innere Team setzt sich aus den inneren Stimmen zusammen, die zu einer bestimmten Fragestellung etwas zu sagen haben. Die einzelnen Stimmen erhalten einen Namen und werden in der «inneren Ratsversammlung» angehört. Die Wortwahl «Team» suggeriert, dass die inneren Stimmen zwar kontrovers diskutieren können, aber dennoch kooperieren und zu einer praktikablen Lösung finden.

Ablauf ______ Die «innere Ratsversammlung» wird vom Ich als Oberhaupt geleitet. Damit die innere Konferenz geordnet abläuft,

Hauptdarsteller und verbannte Antipoden im Berufsbild eines Animateurs

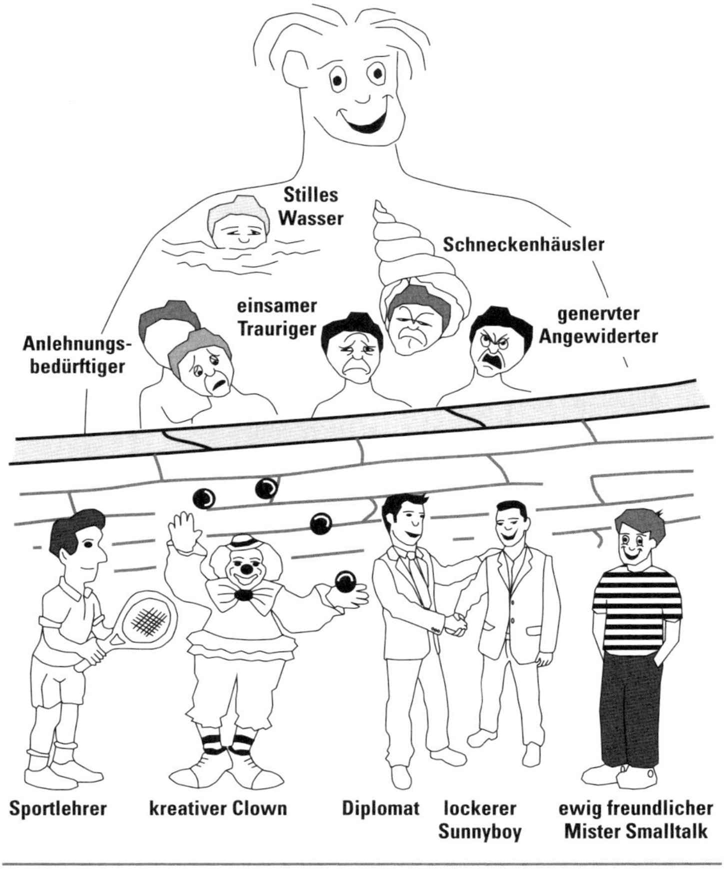

Quelle: Schulz von Thun 2010/3, 199

wird mit folgenden Schritten die Moderationstechnik eingesetzt (▶ Moderation):

1. Die einzelnen Stimmen werden aufgerufen, *identifiziert* und erhalten einen Namen. Die Aufmerksamkeit ist auf die leisen Stimmen im Hintergrund zu richten, damit sie nicht untergehen.
2. Die einzelnen Stimmen werden *angehört.* Auch hier ist besonders auf die leisen Stimmen zu achten, da sie sonst als verbannte Antipoden zu einem späteren Zeitpunkt dominant werden und die getroffene Entscheidung wieder in Frage stellen können.
3. Die *Diskussion* unter den Teammitgliedern wird eröffnet. Sie sollen ihre unterschiedlichen Sichtweisen darlegen, ihre Argumente formulieren und gegeneinander abwägen.
4. Die Teammitglieder werden aufgefordert, *Lösungen* aus ihrer Sicht zu präsentieren. Das Oberhaupt hat die Aufgabe, den positiven Kern der einzelnen Beiträge zu erkennen und nach Möglichkeit in eine Gesamtlösung zu integrieren.
5. Der Sitzungsleiter trifft eine *Entscheidung,* welche Lösung umgesetzt wird.

Anwendung ____ Die bildhafte Vorstellung einer Gesprächsrunde mit personifizierten eigenen Wünschen und Zielen, Anforderungen von außen und bisher unbeachteten Bedürfnissen – repräsentiert durch benannte Stimmen – regt die Phantasie an. Damit wird ein inneres Theaterspiel eröffnet, das einerseits einer eigenen Regie folgt, andererseits kann das Ich eingreifen und auf eine Lösung zusteuern. Wenn wirklich alle Akteure zu Wort kommen und mit ihrem Anliegen berücksichtigt werden, dann kann die erarbeitete Lösung störungsfrei umgesetzt werden.

Praxistipps

Der Prozess der inneren Standpunktklärung vollzieht sich nicht immer in dieser Ausführlichkeit. Je nach Situation braucht er nur wenige Sekunden, hat wenige Akteure und muss auch nicht bewusst ablaufen. Das methodische Vorgehen empfiehlt sich dann, wenn

- eine Situation verändert,
- eine Entscheidung getroffen,
- Position bezogen,
- ein innerer Konflikt gelöst werden soll.

Literatur und Links

Schulz von Thun, F. (2010): Miteinander reden. Bd. 3.

Kognitive Dissonanz

Begriff Kognitionen sind Erkenntnisse über die Welt. Einzelne Kognitionen können in Beziehung zueinander stehen. Eine kognitive Dissonanz entsteht, wenn zwei zugleich bei einer Person bestehende Kognitionen einander widersprechen oder ausschließen. Das Erleben dieser Dissonanz erzeugt einen unangenehmen emotionalen Spannungszustand, der nach Auflösung verlangt, um wieder Harmonie unter den Kognitionen herzustellen.

Dissonanztheorien Dissonanztheorien versuchen zu beschreiben, was Menschen tun, wenn sie mit Informationen konfrontiert werden, die in Widerspruch zueinander stehen. Sie erklären, warum gewisse Botschaften gar nicht oder nicht mit der erforderlichen Wichtigkeit aufgenommen werden (Gehm 2006, 60–63).

Der Weltuntergang

Mitte des letzten Jahrhunderts prophezeite die Führerin der UFO-Sekte, dass die Welt in einer großen Flut untergehen würde und nur ihre Sektenmitglieder von fliegenden Untertassen gerettet würden. Als das Ereignis zum angekündigten Datum nicht eintrat, lachte man über sie. Anstatt dass sich ihre Anhänger von ihr abwendeten, waren sie nun davon überzeugt, dass ihre Gebete geholfen hätten, und sie versuchten, neue Anhänger von ihrer These zu überzeugen.
Dieser Vorfall gab für Leon Festinger – einen der Begründer der Dissonanztheorie – den Ausschlag, sich mit kognitiven Dissonanzen zu beschäftigen.

Informationsaufnahme Kognitive Dissonanz entsteht, wenn Informationen nicht zu den persönlichen Kognitionen passen. Um seine Kognitionen nicht verändern zu müssen, wird der Mensch erfinderisch. Für ihn unpassende Informationen werden einfach

1. selektiv aufgenommen (nur das, was passend ist),
2. ignoriert,
3. vergessen,
4. umgedeutet, bis sie wieder stimmig sind (Rechtfertigung).

Kognitive Dissonanzen gehören zum Alltag. Sie treten immer dann ein, sobald etwas unverständlich ist. Die erwähnten Strategien werden in der Regel nicht gezielt ausgewählt, sondern fast automatisch eingesetzt, um den unangenehmen Zustand möglichst schnell zu beenden.

Dissonanzen im Alltag

Ein sonst pünktlicher Mensch verpasst den Zug. Wie könnte er auf diese ärgerliche Situation reagieren?

1. Er telefoniert sofort mit der Person, mit der er verabredet ist, und erzählt ihr ausführlich, welche misslichen Umstände daran schuld sind, dass er den Zug verpasst hat. Von seiner zeitlichen Fehleinschätzung erwähnt er nichts.
2. Er setzt sich auf eine Bank, liest weiter in seinem Buch und nimmt den nächsten Zug.
3. Er geht ins Café, unterhält sich mit einer Dame am Nachbartisch und verpasst auch den nächsten Zug.
4. Er spielt den Vorfall herunter und bemüht sich, darin eine Chance zu sehen – welche auch immer.

Ist für diesen Menschen Pünktlichkeit ein charakteristisches Merkmal seiner Person, dann wird er sich anstrengen müssen, um sein Selbstbild in Zukunft bestätigt zu sehen. Oder er müsste ehrlicherweise zugeben, dass er nicht immer und grundsätzlich pünktlich ist, und sein Selbstbild entsprechend anpassen. Mehr Toleranz sich selbst gegenüber führt in der Regel auch zu mehr Toleranz gegenüber anderen.

Entscheidungen mit Handlungsfolgen ____ Um die kognitive Dissonanz aufzulösen, gibt es zwei Grundstrategien:

- Das Verhalten ändern, damit es wieder ins Selbstbild passt.
- Die Einstellung ändern, damit sie zum Verhalten passt. So kann das «Fehlverhalten» als unwichtige Kleinigkeit oder Ausnahme entschuldigt bzw. als durch die besonderen Umstände gerechtfertigt werden.

Literatur und Links

Festinger, L. (1995): Theorie der kognitiven Dissonanz.

Gehm, T. (2006): Kommunikation im Beruf.

Krug, J./Kuhl, U. (2006): Macht, Leistung, Freundschaft.

Historisch orientierter Begriff ___ Das historisch orientierte Verständnis von Kommunikation greift zurück auf zwei lateinische Begriffe: Einerseits *communicare* mit den drei Bedeutungsvarianten

1. gemeinsam machen,
2. teilen, mitteilen, teilnehmen lassen, Anteil nehmen,
3. sich beraten, besprechen;

andererseits *communicatio* mit der Bedeutung «Mitteilung». Diese Auffassung stellt das Gemeinsame in den Vordergrund und bildet die Basis für die Auffassung von Kommunikation als Teilhabe an einer ▶ Kultur.

Technischer Begriff ___ In der technischen Auffassung ist Kommunikation die Verbindung zwischen zwei Systemen. Grundlage dieses Verständnisses sind die Naturwissenschaften, insbesondere die Ingenieurwissenschaften in den USA. Bei den amerikanischen Eisenbahnen hieß beispielsweise die Notleine «communicator». In der Nachrichtentechnik – damals das Telegrafieren – wurde aus dem «communicator» der Mitteilende und «communication» zur Mitteilung, die allerdings nur die «message» in eine Richtung bezeichnete – also in unserem Verständnis eine Information (Bartsch 2001, 35). Der Umstand, dass die amerikanische und die europäische Bedeutung nicht deckungsgleich sind, trägt viel zur Unschärfe des Begriffs «Kommunikation» bei. Selbst Watzlawick – ein gebürtiger Österreicher, aber in den USA lebend – verwendete den Begriff im amerikanischen Sinn. Den wechselseitigen Austausch bezeichnete er als Interaktion.

Biologischer Begriff ___ In der Biologie werden interne (innerhalb des Organismus) und externe (mit der Außenwelt stattfindende) Kommunikation unterschieden. Die interne Kommunikation findet zwischen Zellen, Zellverbänden und Organen auf chemischem Weg statt mit dem Zweck das Verhalten zu koordinieren. Die externe Kommunikation des Organismus erfolgt über Sinnesorgane, Gehirn und Nervensystem.

Soziologischer Begriff ___ In der soziologischen Systemtheorie ist Kommunikation eine Operation, die soziale Systeme erzeugt und erhält. Kommunikation ist eine Synthese von drei Auswahlverfahren: 1. Information (welche Information aus einer unbestimmten Menge von Informationen ausgewählt wird), 2. Mitteilung (die Tatsache, dass mitgeteilt wird – es hätte auch eine andere Mitteilung oder gar keine Meldung geben können), 3. Verstehen (Verständnis als eine Interpretation unter vielen). Der systemtheoretische Ansatz bildet die Grundlage für die «lernende Organisation» als System, das mit sich selbst und mit der Außenwelt kommuniziert und sich dadurch selbst erhält und erneuert.

Linguistischer Begriff Das Kommunikationsmedium ist die menschliche Sprache, die sich dadurch auszeichnet, dass mit einem Lautzeichen (Wort) eine Bedeutung verbunden ist. Durch die Verknüpfung von Zeichen und Bedeutung entsteht aus einer Nachricht eine Information. Die Mitglieder einer Sprachgemeinschaft verfügen über einen gemeinsamen (symbolischen) Zeichenvorrat (Code). Der Idealfall wäre, dass die Wörter dieses Zeichenvorrats klar definiert und allen verständlich sind. Wortbedeutungen können jedoch individuell verschieden sein und je nach Kontext variieren. Daher kommt es auch innerhalb einer Sprachgemeinschaft zu Verständigungsproblemen.

Wurden Sie schon einmal gegruschelt?

Gruscheln oder poken sind Wörter, die nie definiert wurden und daher alles heißen können. In den Anfängen des Social Networking wurde «poken» bei Facebook eingeführt und von StudiVZ als «gruscheln» ins Deutsche übersetzt. Die beiden Wörter verloren jedoch bald ihre Attraktivität und sind nun vom Aussterben bedroht.

NZZ Online

Kommunikationswissenschaftlicher Begriff Kommunikation ist ein Prozess mit unterscheidbaren Teilschritten. Die Abläufe bei der Sonderform der Massenkommunikation beschreibt die Lasswell-Formel:

- Wer sagt (Sender/Senderteam)
- was (Inhalt)
- in welchem Kanal (Medium)
- zu wem (Empfänger/Publikum)
- mit welchem Effekt (Medienwirkung)?

Literatur und Links

Bartsch, E. (2001): Was heißt eigentlich «Kommunikation»?

Gruscheln: www.nzz.ch/blogs/betablog/bedrohte_kommunikationsformen_1.2626367.html

Kommunikationsformen

Begriff ___ Kommunikationsaktivitäten finden auf unterschiedliche Weise statt. Die Kommunikationsform charakterisiert die Art des Vorgangs (Bruhn 2009, 5–7). Es können gegenübergestellt werden: einseitige versus zweiseitige, direkte versus indirekte, persönliche versus unpersönliche Kommunikation sowie mündliche, schriftliche, visuelle, auditive und audiovisuelle Kommunikationsform.

Kommunikationsmittel ___ Für die zwischenmenschliche Verständigung werden Kommunikationsmittel eingesetzt. Man unterscheidet natürliche Kommunikationsmittel (verbale und nonverbale Sprache), technische (z. B. Telefon, E-Mail) und Massenkommunikationsmittel (z. B. Buch, Zeitung, Radio, Fernsehen).

In folgender Tabelle werden die einzelnen Kommunikationsformen beschrieben und mit Beispielen versehen, wo sie auftreten:

Kommunikationsform	Beschreibung	Beispiele
einseitig	Die Kommunikation verläuft nur in eine Richtung. Der Empfänger nimmt auf und reagiert nicht verbal auf die Information.	Informationsveranstaltung, Beitrag in den Massenmedien.
zweiseitig	Wechselseitiger Austausch. Die Kommunikationspartner reagieren auf die jeweiligen Aussagen des anderen.	Gespräch, Konferenz, Briefverkehr, Online-Kommunikation.
direkt	Die Kommunizierenden sind persönlich anwesend (Face-to-face-Kommunikation).	Meeting, Videokonferenz.
indirekt	Die Kommunikationspartner kommunizieren via Medium.	Telefon, Online-Kommunikation.
persönlich	Der Kommunikationspartner ist bekannt und wird persönlich angesprochen.	Mail, Brief, Telefonanruf, Gespräch.
unpersönlich	Der Kommunikationspartner ist nicht persönlich bekannt.	Beitrag in Massenmedien, Publikation.
mündlich	Die Kommunikation vollzieht sich in gesprochener Sprache.	Konferenz, Radio- und Fernsehsendung.
schriftlich	Die Mitteilung wird niedergeschrieben.	Brief, Plakat, Printmedien.

Die visuelle Kommunikationsform bedient sich des Bilds (z. B. Plakat), die auditive wird ausschließlich gehört (z. B. Radio) und die audiovisuelle kombiniert Bild und Ton (z. B. Fernsehen). Die gewählte Kommunikationsform prägt die Art und Weise des gegenseitigen Austauschs beziehungsweise der Informationsvermittlung.

- Der direkte und persönliche Kontakt ermöglicht ein spezifischeres Eingehen auf den Adressaten und bietet die größte Fülle an Wahrnehmungen und unmittelbaren Reaktionsmöglichkeiten.
- Die indirekte und unpersönliche Informationsvermittlung erreicht gleichzeitig eine größere Menge an Adressaten.
- Die indirekte Kommunikation via Medium gestattet dem Adressaten, die Information dann aufzunehmen, wenn er dazu bereit ist. Der Nachteil ist der fehlende Anblick des Adressaten mit seiner Körpersprache. Ausnahme: Videokonferenz.
- Die schriftliche Form bietet den Vorteil, dass ein Gedankengang ohne Unterbrechung dargelegt werden kann. Der Empfänger kann sich ebenfalls in Ruhe seine Antwort zurechtlegen. Nachteil der schriftlichen Kommunikation ist das Fehlen einer direkten Korrekturmöglichkeit durch ▶ Feedback. Das kann schnell zu Fehlinterpretationen führen. Was geschrieben ist, steht schwarz auf weiß da und kann nur mit zusätzlichen Erklärungen relativiert werden.

Praxistipps

Es lohnt sich, im Voraus zu überlegen, was mit einer Botschaft erreicht werden soll, und dann das passende Kommunikationsmittel zu wählen. Die direkte mündliche Kommunikation klärt ein Anliegen am schnellsten, weil die Reaktion des Gesprächspartners unmittelbar eintritt. Nicht immer ist dies jedoch notwendig. Die schriftliche Form ist dann ein Akt der Höflichkeit, wenn der Adressat Zeit braucht, sich mit dem Anliegen anzufreunden. Außerdem ist die Schriftform praktisch, per Mail auch sehr schnell und effizient. Die Kommunikation wird allerdings vereinfacht, wenn sich die Kommunizierenden persönlich kennen und einschätzen können.

Literatur und Links

Bruhn, M. (2009): Kommunikationspolitik.

Begriff Der Konstruktivismus geht der Frage nach, ob die Welt, wie wir sie sehen, Wirklichkeit ist oder ob sich jeder sein Weltbild selbst konstruiert. Ein konstruktivistisches Weltverständnis verweist darauf, dass die Wirklichkeit immer durch einen beobachtenden Menschen erklärt wird. Was dieser wahrnimmt und mit welchen Begriffen er das Wahrgenommene benennt und in einen sinnvollen Zusammenhang stellt, ist seine Kreation. Aus Sicht des Konstruktivismus sind Menschen Forscher, «indem sie ihre Welt konstruieren und die Konstrukte dazu benutzen, ihre Welt zu verstehen und Vorhersagen über das eigene und das Handeln anderer Menschen zu machen» (Kron 2008, 185).

Der sozialkonstruktivistische Ansatz fokussiert das Interesse auf die Prozesse der Wirklichkeitsbildung zwischen Menschen. Die Realität ist eine mehr oder minder bewusst vollzogene Vereinbarung zwischen den Gesprächspartnern. Es gilt das als wirklich, was kollektive Beziehungsprozesse als wirklich definieren.

Wirklichkeit als Vereinbarung

Sobald man sich zur Legitimation von Aussagen nicht mehr auf eine allen zugängliche «objektive» Wirklichkeit stützen kann, weil das Leitkonzept von «objektiver Wahrheit» nicht mehr trägt, tritt zwangsläufig das «joint-venture» der gemeinsamen, sozial und kommunikativ erzeugten Wirklichkeitskonstruktion an deren Stelle.

Backhausen/Thommen 2007, 92

Anwendung auf die Kommunikation Wenn Menschen miteinander kommunizieren, treten ihre Sichtweisen in Erscheinung, prägen Inhalt und Verlauf des Gesprächs und erfahren ihrerseits durch die Kommunikation eine Veränderung. Mit anderen Worten: Menschen bringen ihr Welt- und Wirklichkeitserleben mit, wenn sie sich im Gespräch begegnen, und schaffen miteinander eine neue Wirklichkeit durch das Gespräch. Kommunikation ist nicht denkbar ohne diesen Bezugsrahmen. Gleichzeitig ist Kommunikation ein Ereignis, das in der Zukunft Folgen hat. Die Sprache übernimmt im Prozess der Wirklichkeitsbildung eine besondere Rolle: Sie benennt Dinge und Vorgänge und macht sie damit im Bewusstsein unterscheidbar und anschaulich. Damit werden sie zur Realität, auf die immer wieder Bezug genommen werden kann.

Das individuelle Wirklichkeitsverständnis sollte zu demjenigen anderer Menschen Bezüge und Gemeinsamkeiten aufweisen (anschlussfähig sein) und sich in die ▶ Kultur der Bezugsgruppe einfügen, sonst besteht die Gefahr des sozialen Ausschlusses eines zu individuellen Individuums. Kooperation verlangt ein Mindestmaß an gemeinsam geteilter Weltauffassung.

Die Geschichte mit dem Hammer

Ein Mann will ein Bild aufhängen. Den Nagel hat er, nicht aber den Hammer. Der Nachbar hat einen. Also beschließt unser Mann, hinüberzugehen und ihn auszuborgen. Doch da kommt ihm ein Zweifel: Was, wenn der Nachbar mir den Hammer nicht leihen will? Gestern schon grüßte er mich nur so flüchtig. Vielleicht war er in Eile. Aber vielleicht war die Eile nur vorgeschützt, und er hat etwas gegen mich. Und was? Ich habe ihm nichts angetan; der bildet sich da etwas ein. Wenn jemand von mir ein Werkzeug borgen wollte, gäbe ich es ihm sofort. Und warum er nicht? Wie kann man einem Mitmenschen einen so einfachen Gefallen abschlagen? Leute wie dieser Kerl vergiften einem das Leben. Und dann bildet er sich noch ein, ich sei auf ihn angewiesen. Bloß weil er einen Hammer hat. Jetzt reicht's mir wirklich. – Und so stürmt er hinüber, läutet, der Nachbar öffnet, doch noch bevor er «Guten Tag» sagen kann, schreit ihn unser Mann an: «Behalten Sie Ihren Hammer, Sie Rüpel!»

Watzlawick 2009, 37

Literatur und Links

Backhausen, W.J./Thommen, J.-P. (2007): Irrgarten des Managements.

Watzlawick, P. (2010): Wie wirklich ist die Wirklichkeit?

Begriff ___ Kultur lässt sich als ein System von Denk- und Verhaltensweisen, Wertvorstellungen und Spielregeln im Umgang miteinander (Kulturstandards) beschreiben. Die Mitglieder einer Kultur haben dieses System von klein auf erlernt und orientieren sich immer wieder daran. Die Kulturstandards werden von der Mehrzahl der Mitglieder «für sich persönlich und andere als normal, selbstverständlich, typisch und verbindlich angesehen» (Thomas 2003, 112). Dieser Kulturbegriff betont das Verbindende. Er lässt sich nicht nur auf Nationen, sondern auf jede Art von Gruppe anwenden. Beispiele für solche Gruppen sind Unternehmen, Vereine, Teams oder sogar eine (Zweier-)Partnerschaft, in denen sich gewisse Umgangsformen miteinander etabliert haben, die sich von den Umgangsformen ihrer Umwelt unterscheiden.

Kultur im Alltag ___ Im dargestellten Sinn hat Kultur viel mit einer das Leben vereinfachenden Routine, selbstverständlichen Abläufen und dem Gefühl der Normalität zu tun. Vereinfacht ausgedrückt: Kultur wird gelebt und muss nicht ständig neu ausgehandelt und hinterfragt werden. Einzelne Verhaltensweisen im Umgang miteinander, Denkgewohnheiten und bestimmte Werte sind so «normal» und natürlich, dass andere Formen zunächst gar nicht in Betracht gezogen werden. Trotzdem gehört es auch zur Normalität, dass sich Kulturmitglieder in einzelnen Bereichen bewusst gegenüber der herrschenden Kultur abgrenzen und eine eigene Form der Lebensgestaltung bevorzugen (z.B. ökologische Lebensweise). Eine gelebte Kultur ist also sowohl durch das Einigende als auch durch das Trennende gekennzeichnet, wobei das, was Usus ist, das Referenzsystem darstellt.

Interkulturell ___ Mit diesem offenen und nicht national orientierten Kulturbegriff besteht die Gefahr, dass praktisch jede Art der Begegnung als interkulturell bezeichnet werden kann. Ein pragmatischer Ansatz legt die Beurteilung in die Hände der Beteiligten: Wenn sie Eigenschaften des Kommunikationsprozesses einschließlich eventuell auftretender Probleme und Konflikte auf kulturelle Differenzen zurückführen, dann ist das Wort interkulturell auch zutreffend (Rathje 2006, 9). Diese pragmatische Begriffsverwendung erlaubt es auch, Spannungen zwischen unterschiedlichen Firmenkulturen (z.B. bei Fusionen) oder zwischen Subkulturen einzelner Abteilungen innerhalb von Unternehmen als interkulturell anzusehen und mit den Methoden zur interkulturellen Verständigung anzugehen.

Wie stehen Sie zu Stereotypisierungen?

Stereotype haben am Anfang einer Begegnung ihre Vorteile, um eine Person schneller zu verstehen und ihr schneller angepasst zu begegnen. Ein Beispiel ist eine deutsche Kollegin, der ich geraten habe, zu Beginn eines Telefongesprächs nach England erst einmal Small Talk über das Wetter zu halten und nicht gleich mit der Tür ins Haus zu fallen. Die Briten brauchen immer erst ein wenig aufwärmende Konversation, bevor es zur Tagesordnung geht. Das mag ein stereotypes Bild sein, aber es wird gelebt, und wer sich daran hält, agiert kulturell angepasst, flexibel und sorgt damit für eine bessere gegenseitige Verständigung.

Aus einem Interview mit Inga Beale, Global Chief Underwriting Officer, Zurich Financial Services Group, Zürich.
Voigt 2009, 93

Umgang mit fremden Kulturstandards Unterschiede zwischen fremden und eigenen Kulturstandards werden gerne in wenig differenzierten Pauschalurteilen (Stereotypisierungen) akzentuiert. Positiv an Stereotypisierungen ist, dass sie erste Anhaltspunkte dafür geben, auf was in einer kulturfremden Umgebung zu achten ist (siehe Beispiel). Am Gegensatz kann außerdem bewusst werden, dass es auch andere Möglichkeiten des Handelns gibt. Damit wird der eigene Standpunkt relativiert. Problematisch sind Stereotypisierungen in der individuellen Begegnung: Sie verstellen den Blick für die Persönlichkeit – genauso wie Vorurteile in der eigenen Kulturgemeinschaft – und können die Verständigung blockieren.

Praxistipps

Regeln im Umgang mit Menschen anderer Kulturen:

- Vor einer Aktion sich selbst befragen, ob die gewohnte Handlungsoption in einen anderen kulturellen Hintergrund passen könnte. Das führt zu vorsichtigeren Formulierungen.
- Für zuverlässigere Interpretationen nach Möglichkeit «native interpreters» befragen. Man muss jedoch damit rechnen, dass auch sie sich bei der Deutung eines Verhaltens nicht immer einig sind.
- Offenlegen der eigenen Verwirrung verbunden mit der Bitte, das richtige Vorgehen erklärt zu erhalten.

Literatur und Links

Bolten, J. (2007): Einführung in die interkulturelle Wirtschaftskommunikation.

Missverständnisse

Begriff ___ Missverständnisse entstehen dann, wenn der Empfänger etwas anderes versteht, als der Sender gemeint hat.

Ursachen ___ Es gibt unterschiedliche Ursachen für Missverständnisse. Je nach Ursache muss eine andere Strategie zur Klärung eingesetzt werden.

Ursache	Beschreibung	Klärung
Unkenntnis	Ein oder mehrere Wörter sind dem Empfänger nicht bekannt.	Der Sender definiert und erklärt dem Empfänger unbekannte Wörter.
Bedeutungs-unterschiede	Sender und Empfänger verbinden je andere Bedeutungen mit einem Wort.	Über die Bedeutungsunterschiede sprechen.
Fehl-information	Der Sender sagt nicht alles, was zu einem Thema gehört.	Der Empfänger fragt nach, ob wirklich alles gesagt wurde.
Falsch-information	Der Sender sagt etwas, das nicht den Tatsachen entspricht.	Überprüfen der Tatsachen und anschließend ein klärendes Gespräch darüber.

Missverständnisse können in der Regel schnell geklärt werden. Problematisch ist, dass sie oft nicht bemerkt werden (▶ Vier-Ohren-Modell). Entwickeln die Gesprächspartner in der Folge Annahmen über Äußerungen, die der jeweilige Sender so nicht gemeint hat, entstehen Konfusionen, die nicht mehr so schnell aufzulösen sind. Erkannt werden die ursprünglichen Missverständnisse häufig erst dann, wenn aus den Annahmen Taten geworden sind. Gehen die Gesprächspartner aufeinander zu und klären die Sachlage, kann ein Konflikt vermieden werden, der unweigerlich entsteht, sobald Schuldzuweisungen gemacht werden.

Vermeiden von Missverständnissen ___ Missverständnissen können vermieden werden, indem mit den eigenen Gesprächsbeiträgen der Zweck des Gesprächs verfolgt wird, so wie dies die vier *Konversationsmaximen* von Paul Grice (1993) fordern:

Maximen	Beschreibung
«Sagen Sie nur so viel wie nötig.» (Quantität)	Der Gesprächsbeitrag soll nur so viele Informationen enthalten, wie es für den anerkannten Zweck des Gesprächs nötig ist.
«Sagen Sie nichts, was Sie nicht für wahr halten.» (Qualität)	Der Gesprächsbeitrag soll wahr sein und keine Aussagen enthalten, die wahrscheinlich nicht richtig sind oder für die es nicht genügend Anhaltspunkte gibt.
«Seien Sie wesentlich.» (Relevanz)	Der Gesprächsbeitrag soll nur das für das jeweilige Gespräch Wichtige enthalten.
«Sagen Sie Ihre Sache in angemessener Art und Weise.» (Modalität)	In einem Gesprächsbeitrag sind Unklarheit, Mehrdeutigkeit, Weitschweifigkeit und Ungeordnetheit zu vermeiden.

Die *Verständlichkeit* wird erhöht (Schulz von Thun 2010/1, 142–150), wenn

- die Sätze kurz und anschaulich sind und nur wenn dem Gesprächspartner bekannte Wörter verwendet bzw. neue Begriffe erklärt werden *(Einfachheit),*
- die Aussage übersichtlich und klar gegliedert wird *(Ordnung),*
- das Wesentliche gesagt wird und wenn ein Mittelweg gefunden wird zwischen Kürze und den für das Verständnis notwendigen Umschreibungen oder Wiederholungen *(Prägnanz),*
- anregende, aus der Welt der Zuhörenden gegriffene Beispiele, sprachliche Bilder und falls nötig Visualisierungen verwendet werden und wenn auch der persönliche Bezug des Sprechenden zum Thema deutlich gemacht wird *(Stimulanz).*

Für die Verständlichkeit ist das Eingehen auf die Welt des Empfängers wesentlich. Dabei geht es nicht nur darum, seine Begriffswelt aufzugreifen und ihm das gedankliche Nachvollziehen durch eine logische Abfolge des Gesagten zu erleichtern, sondern auch um die Präsentation der Information: Sie sollte leicht fassbar (prägnant) sein und den Empfänger stimulieren, die Botschaft überhaupt aufzunehmen. Der Lustfaktor durch eine anregende Verpackung der Information spielt eine entscheidende Rolle für die Verständigung.

Literatur und Links

Grice, P.H. (1993): Logik und Konversation.

Begriff Moderation ist eine Methode zur Leitung von Gruppengesprächen. Die Moderation verläuft in bestimmten, festgelegten Schritten. Es werden vor allem Hilfsmittel der Visualisierung und Problemlösungsverfahren eingesetzt (Seifert 2009).

Aufgaben des Moderators Der Moderator leitet formal eine Gruppe. Das bedeutet, dass er

- die Sitzung eröffnet,
- die einzelnen Gesprächsphasen einleitet,
- Ziele, Erwartungen, Themen und Lösungen festhält beziehungsweise von den Teilnehmenden notieren lässt,
- die Redeerlaubnis erteilt und die Redezeit beschränkt,
- zum Schluss die Ergebnisse zusammenfasst.

Der Moderator mischt sich nicht in die inhaltliche Diskussion ein, hält seine Meinung zurück und macht auch keine Lösungsvorschläge. Er versteht sich selbst als Helfer, der die Gruppe dazu führt, eigenverantwortlich die für sie richtigen Lösungen zu finden und gegebenenfalls geeignete Maßnahmen zur Problemlösung zu beschließen. Der Moderator ist zuständig für die Methode, nicht aber für das, was inhaltlich erarbeitet wird.

Ablauf einer Moderationssitzung Die einzelnen Schritte sind:

1. *Einstieg:* Der Moderator eröffnet die Sitzung, gibt den Teilnehmenden die Gelegenheit, sich vorzustellen, und erklärt das methodische Vorgehen. Gemeinsam wird der Zeitplan festgelegt und ein Protokollführer bestimmt, falls die Sitzung protokolliert wird. Der Moderator erfragt die Erwartungen der Teilnehmenden. Die formulierten Erwartungen können auf sogenannten Moderationskarten festgehalten und an eine Pinnwand geheftet werden. Daraus leiten die Teilnehmenden die gemeinsamen Ziele für die Sitzung ab.
2. *Sammeln der Themen:* Aus den Zielsetzungen formuliert der Moderator konkrete Fragestellungen, die die Teilnehmenden anregen sollen, weitere Themen im Zusammenhang mit der Zielsetzung auf Moderationskarten zu notieren. Die zusätzlichen Moderationskarten werden an der Pinnwand fixiert und vom Moderator neu geordnet (in der Regel nach Sachgebiet).

3. *Auswahl der Themen:* Der Moderator gibt den jeweils zusammengehörenden Themen einen Oberbegriff, damit sie auf einen Blick erfassbar sind. Die Teilnehmenden bewerten die Wichtigkeit der Oberbegriffe mit anheftbaren Punkten. Auf diese Weise wird klar ersichtlich, welche Themen Priorität haben und welche Reihenfolge für die Bearbeitung aus Sicht der Teilnehmenden richtig ist.
4. *Bearbeiten der Themen:* Der Moderator schlägt aus seinem Methodenschatz geeignete Techniken vor und leitet die Teilnehmenden bei der Arbeit an. Je nach den eingangs formulierten Zielen ist das Ergebnis eine Problemanalyse, ein Lösungsvorschlag, eine Entscheidung oder etwas anderes. Der Moderator fasst die Ergebnisse zusammen.
5. *Maßnahmen planen:* Aus den Ergebnissen werden Maßnahmen abgeleitet, die in einer übersichtlichen Form (zum Beispiel in einer Matrix) dargestellt werden. Für jede Maßnahme werden Verantwortlichkeiten und Termine festgelegt sowie gegebenenfalls Kontrollen vereinbart.
6. *Abschluss:* Die Art und Weise, wie die Sitzung verlaufen ist, wird reflektiert, und der Moderator schließt die Sitzung.

Praxistipps

Einzelne Elemente der Moderationstechnik können auch in anderen Gesprächssituationen (zum Beispiel Teamgespräch, Konfliktgespräch) angewendet werden.

Literatur und Links

Seifert, J.W. (2009): Visualisieren – Präsentieren – Moderieren.

Oberhand gewinnen ___ «Oberhand gewinnen» ist ein bildlicher Ausdruck für «sich gegen Widerstände durchsetzen». Die Oberhand verweist auf die Aktivität (Handlung), die notwendig ist, um aus der «Unterhand» herauszukommen, das heißt, sich aus einer misslichen Lage zu befreien und die Situation in den Griff zu bekommen.

Oberhandtechniken ___ Oberhandtechniken sind nicht akzeptable Vorgehensweisen, um sich gegenüber anderen Menschen durchzusetzen (Schulz von Thun 2010/2, 119–121).

Mit dem Einsatz von Oberhandtechniken soll der «Gegner» gefügig gemacht und ihm jegliche Möglichkeit zur Gegenwehr genommen werden. Zu den Oberhandtechniken gehören:

- *Bedrohung:* z.B. jemanden räumlich oder verbal in die Enge treiben.
- *Einschüchterung:* z.B. durchdringender Blick, Zunahetreten (Eindringen in den persönlichen Bereich), Körperberührungen.
- *In Gesellschaft bloßstellen:* z.B. im Beisein anderer über jemandes Schwächen herziehen oder ihn lächerlich machen.
- *Unterbrechungen:* z.B. Redende mitten im Satz unterbrechen.
- *Mangelnder Blickkontakt:* z.B. gelangweilt aus dem Fenster sehen, wenn jemand redet.
- *Resonanzloses Übergehen von Gesprächsbeiträgen:* keinen Bezug auf das Gesagte nehmen.

Eine direkt ausgesprochene Drohung kann schon ein Straftatbestand sein. Die nonverbale Bedrohung ist schwieriger nachzuweisen. Jemanden in Gesellschaft bloßstellen, ist nicht strafbar. Es liegt dann in der Macht der Anwesenden, Sanktionen zu ergreifen.

Die subtilen Oberhandtechniken wie Unterbrechungen, mangelnder Blickkontakt und resonanzloses Übergehen eines Redebeitrags sind Unhöflichkeiten. Sie können durchaus auch einmal im Eifer des Gesprächs ohne böse Absicht vorkommen. Ihre Wirkung verfehlen sie trotzdem nicht: Der Betroffene fühlt sich in seinem ▶ Selbstwertgefühl angegriffen, zieht sich entweder zurück oder wird versuchen, seinerseits die Oberhand zu gewinnen (siehe Beispiel).

Respektlosigkeiten an der Grenze der «Entschuldbarkeit» werden oft – zu Unrecht – stillschweigend toleriert. Wer möchte schon als überempfindlich gelten? Viele scheuen sich auch davor, eine endlose Diskussion über zulässiges und unzulässiges Verhalten zu führen.

Max Bauer versteht sich als kooperativer Chef, der sein Team in Entscheidungen einbindet. Dabei ist ihm aber nicht bewusst, wie er sich verhält, wenn Mitarbeitende ihre Meinung äußern. Max Bauer ist ein Schnelldenker, der schon bei den ersten Sätzen erkennt, worauf der Redner hinzielt. Er unterbricht ihn dann, geht oft nicht auf Vorschläge ein und verkündet zum Schluss seine Entscheidung. Die Mitarbeitenden erleben sich als Statisten in einem unerfreulichen Spiel.

Max Bauer wundert sich gelegentlich, dass es unter seinen Mitarbeitenden doch einige Profilneurotiker gibt, die ihm immer wieder das Gleiche erzählen. Ein Vorschlag wird aber seiner Meinung nach nicht besser, wenn er mehrfach vorgebracht wird. Andere Mitarbeitende lassen ihn einfach nicht an sich heran und weichen ihm aus. Das irritiert ihn. Der Grund dafür liegt in den subtilen Oberhandtechniken, die Max Bauer unbewusst einsetzt.

Praxistipps

Mit dem Einsatz von Oberhandtechniken wird ein Machtspiel eröffnet. Es kann aber nur gespielt werden, wenn der angegriffene Gesprächspartner bereit ist, die Opfer-Rolle zu übernehmen. Das Mitspielen kann verweigert werden, indem

- auf dem Selbstkundgabe-Ohr (was sagt der andere über sich?) und keinesfalls auf dem Beziehungs-Ohr (was hält der andere von mir?) zugehört wird (▶ Vier-Ohren-Modell),
- keine Unterbrechungen der Rede geduldet werden, sondern verlangt wird, dass der Satz beendet werden kann,
- auf sachlicher Argumentation bestanden und die Reaktion des Gesprächspartners auf die eigene Aussage erfragt wird.

Literatur und Links

Hintermann, J. (2008): Sprache der Macht – Strategien bei einem alltäglichen Phänomen.

Hoffmann, W. K. H. (2003): Macht im Management.

Lindemann, G./Heim, V. (2010): Erfolgsfaktor Menschlichkeit. Wertschätzend führen – wirksam kommunizieren.

Schulz von Thun, F. (2009): Miteinander reden. Bd. 2.

Perspektivenwechsel

Begriff ______ Perspektivenwechsel heißt in einer allgemeinen Bedeutung, den Blick in eine andere Richtung wenden bzw. die gleichen Dinge von einem anderen Standpunkt aus betrachten. Mit dem Wechsel der Blickrichtung oder einer Ortsveränderung werden neue Eindrücke ins Visier genommen. Ein Perspektivenwechsel kann auch in der *Vorstellung* vorgenommen werden, indem der gleiche Sachverhalt mit anderen Augen (z.B. denen des Gesprächspartners) betrachtet wird. Ein Perspektivenwechsel findet bereits statt, wenn ein spannendes Buch gelesen oder aufmerksam einer Rede zugehört wird. Wird die fremde Sichtweise auch gefühlsmäßig nacherlebt (Empathie), spricht man in der Psychologie von *Perspektivenübernahme.*

Davon abzugrenzen ist die *Außenperspektive,* die andere Menschen uns gegenüber einnehmen: wie sie uns äußerlich wahrnehmen, erleben und unser Verhalten bewerten. Die Außenperspektive kann empathisch, aber auch ganz nüchtern sein. Ein anderes Wort dafür ist das Fremdbild. Die Außenperspektive wird beim ▶ Feedback eingenommen (Hintermann 2008c).

Anwendungsbereiche ______ Der Perspektivenwechsel ist für viele Menschen eine derartige Selbstverständlichkeit, dass sie gar nicht wissen, dass es dafür einen Namen gibt. Sobald fremde Gedankengänge nachvollzogen werden – sei es mündlich oder schriftlich –, findet ein Perspektivenwechsel statt. Er bildet die Grundlage für die ▶ Verständigung. Das gefühlsmäßige Miterleben der fremden Position (Perspektivenübernahme) kann ebenfalls selbstverständlich und unbewusst eintreten. Es kann aber auch blockiert werden, wenn die fremde Gefühlswelt als erdrückend erlebt wird oder die Bereitschaft im Moment nicht vorhanden ist, auf diese Gefühlswelt einzugehen (▶ Gefühle). Ein bewegender Kinofilm, ein spannender Krimi oder ergreifende Szenen in den Nachrichten sprechen die empathischen Fähigkeiten an. Die Außenperspektive (Fremdbild) ist notwendig für die persönliche Weiterentwicklung. Die vom Gesprächspartner angeregten Korrekturen fordern Verarbeitung (Bewertung, Entscheidung für Annahme oder Zurückweisung und gegebenenfalls Anpassung im Verhalten und Denken). Inwieweit die Außenperspektive zum Alltag gehört, hängt davon ab, wie sich ein Mensch selbst definiert. Ist er ein Lernender und noch nicht Vollendeter, so wird er Feedback beachten und einfordern.

Risiken ___ Der eigene Standpunkt hat sich im Laufe des Lebens aus Erlerntem und Erfahrenem gebildet. Von ihm aus wird die Welt zuverlässig und alltagstauglich interpretiert. Mit dem Perspektivenwechsel wird dieser sichere Boden verlassen. Das verlangt Distanz zu den eigenen Überzeugungen und Mut, diese einmal in einem anderen Licht zu betrachten. Möglicherweise werden sie dann in Frage gestellt, was nach einer aktiven Verarbeitung verlangt, um die eigene Welt wieder in Ordnung zu bringen.

Das Mit- und Nachempfinden fremder Gefühle (Empathie) kann Verunsicherung auslösen, wenn sich eigene und fremde Gefühlswelt auf undurchschaubare Weise vermischen. Dem Risiko, zu intensiv in der fremden Welt zu leben und die eigenen Anliegen zu vernachlässigen (das gilt insbesondere für therapeutische Berufe), kann mit Abgrenzung begegnet werden.

Was Perspektivenwechsel nicht ist ___ Die Bereitschaft, in eine fremde Welt einzutauchen, impliziert nicht, dass diese Welt auch als richtig und für einen selbst gültig angesehen wird. Perspektivenwechsel ist ein momentanes Entgegenkommen, kein Dauerzustand. Während des Gesprächs werden Auge und Ohr nur geliehen, nicht einverleibt. Falls beim Gesprächspartner der Eindruck entstehen sollte, dass es sich um eine vollumfängliche Übereinstimmung handelt, muss dies angesprochen und geklärt werden. Sonst entstehen Missverständnisse, die schnell zum Vorwurf des Vertrauensbruchs führen.

Literatur und Links

Hintermann, J. (2008): Lust auf Perspektivenwechsel – Ein Experiment zur Verhaltensänderung.

Hintermann, J. (2009): Perspektivenwechsel in der interkulturellen Kommunikation.

Lindemann, G./Heim, V. (2010): Erfolgsfaktor Menschlichkeit. Wertschätzend führen – wirksam kommunizieren.

Rollentheorien

Begriff Rollentheorien beschäftigen sich damit, welche Erwartungen, Verhaltensweisen und Werte mit dem Status einer Person in einer Gesellschaft (soziale Rolle) verbunden werden, wie das Set an Handlungsmustern einer sozialen Rolle erlernt, ausgestaltet und verändert werden kann und welchen Handlungsspielraum der Einzelne zur Verfügung hat.

Rollenhandeln Der einzelne Mensch orientiert sich beim Ausüben seiner Rollen an folgenden Aspekten:

- Er richtet sich nach sich regelmäßig wiederholenden Verhaltensweisen (Normen), die er bei anderen Trägern der gleichen Rolle beobachtet.
- Er klärt für sich fremde und eigene Erwartungen ab, die mit der Rolle verbunden werden.
- Er hat Belohnung und Bestrafung (Sanktionen) für die Art und Weise, wie die Rolle gespielt wird, im Bewusstsein.

Rollenarten Es gibt eine Vielzahl von Rollen im gesellschaftlichen Leben. Es wird unterschieden zwischen

- *kulturellen Rollen* wie etwa Familienoberhaupt oder Pate,
- *sozialen Differenzierungen* wie berufliche Rollen oder auch Geschlechterrollen,
- *situationsbezogenen Rollen* wie Kunde oder Augenzeuge sowie
- *biosoziologisch begründeten Rollen* wie etwa Senioren.

Rollenvielfalt

Eine Frau kann beispielweise folgende Rollen haben: Angestellte, Mutter, Familienoberhaupt, Geliebte, Parteimitglied und Trainerin in einem Sportclub. Daneben ist sie Organisatorin des eigenen Haushalts, Steuerzahlerin, Wählerin, Betreuerin ihrer Eltern und Autofahrerin. Sie ist Kundin bei diversen Detailhändlern, Anlaufstelle für Probleme aller Art in der Nachbarschaft und Expertin in Ausbildungsfragen, da sie in diesem Bereich beruflich tätig ist. Jede Rolle stellt andere Anforderungen an sie, zum Teil auch kontroverser Art, etwa beim Anspruch, Beruf und Familie unter einen Hut zu bringen.

Bei der Ausgestaltung der jeweiligen Rolle gibt es einen gewissen Interpretations- und Handlungsspielraum. Dies soll anhand unternehmensinterner Rollen verdeutlicht werden (siehe Abbildung).

Rolleninterpretationen

Stellung	**Rolle**	**Inhalt der Rolle**
Vorgesetzter	Vater/Mutter	Erziehung der Unterstellten; ihnen Schutz geben
	Coach	Entwicklung der Unterstellten fördern
	Platzhirsch	Stärke zeigen
Unterstellter	Kind	Brav sein; keine Verantwortung tragen
	Mitstreiter	Gemeinsame Ziele verfolgen; Verantwortung mittragen
	Sklave	Befehle ausführen; Strafe fürchten
Kollege	Bruder/Schwester	Solidarisch sein; Nähe zeigen
	Partner	Gemeinsame Ziele verfolgen; Fairness walten lassen
	Rivale im Rudel	Gemeinsame Feinde bekämpfen; um den Rang kämpfen

Quelle: Hintermann 2008a, 138

Ein Rollenbruch würde beispielsweise stattfinden, wenn ein Unterstellter ungebeten seinen Vorgesetzten bei dessen Entscheidungen beraten würde.

Praxistipps

Abweichungen und kreative Interpretationen der Rolle fordern das Umfeld heraus, denn es müssen neue Reaktionen und Bewertungen erprobt werden. Fixe Rollenmuster können dadurch in Frage gestellt und neu überdacht werden. Dies macht das Zusammenleben spannend und dynamisch, kann aber auch zu Spannungen führen.

Literatur und Links

Goffman, E. (2010): Wir alle spielen Theater.

Wüthrich, H. A., et al. (2008): Musterbrecher.

Rückkopplung

Begriff ___ Rückkopplung (engl. feedback) ist ein Mechanismus, bei dem Prozessergebnisse korrigierend auf den Prozess zurückwirken. Rückkopplung spielt bei der Regulierung von technischen, biologischen, wirtschaftlichen und sozialen Systemen eine wesentliche Rolle.

In der Kommunikation wird mit den oft unbewussten Rückkopplungsmechanismen der nonverbalen Signale der Gesprächsverlauf gesteuert. Verbalisiertes ▶ Feedback dient zur Abstimmung des gegenseitigen Verhaltens. Da es sich dabei um eine Form des Lernens handelt, kann dies mit dem Lernmodell des Single- und Double-Loop-Learning dargestellt werden.

Single-Loop-Learning ___ Beim Single-Loop-Learning wird ein Soll-Ist-Vergleich zwischen der ursprünglichen Zielvorgabe und dem erhaltenen Resultat vorgenommen und – falls nötig – eine Korrekturmaßnahme eingeleitet. Der Thermostat ist ein typisches Beispiel für die einfache Rückkopplung im technischen Bereich. Im sozialen Bereich wird mit der einfachen Rückkopplung die Frage nach der Effizienz des Handelns gestellt: Wird die Aktion auf die richtige Weise durchgeführt? Mit Single-Loop-Learning können «Abweichungen von einem fixen Handlungskurs ausgeglichen werden» (Walter-Busch 2008, 111). Verhaltensbezogene Korrekturmaßnahmen bestehen darin, die eingesetzten Strategien und Techniken so anzupassen, dass das anvisierte Ziel besser erreicht werden kann. Single-Loop-Learning – auch Anpassungslernen genannt – führt zu Verbesserungen (Backhausen/Thommen 2007, 93).

Double-Loop-Learning ___ Das Double-Loop-Learning geht über die Korrektur von Strategien und Techniken hinaus und überprüft die zugrunde liegenden Annahmen (Argyris/Schön 2006, 36). Ist das Ziel richtig gewählt oder müsste es anders formuliert werden? Damit wird die Frage gestellt, ob die richtigen Dinge getan werden (Effektivität). Double-Loop-Learning führt zu Innovationen und tiefergreifenden Veränderungen (Backhausen/Thommen 2007, 93). Um im Beispiel des Thermostats zu bleiben: Der Thermostat müsste dann entscheiden können, ob es nicht zweckmäßiger wäre, statt der Temperatur etwas anderes zu messen (z.B. die Luftfeuchtigkeit).

Single- und Double-Loop-Learning

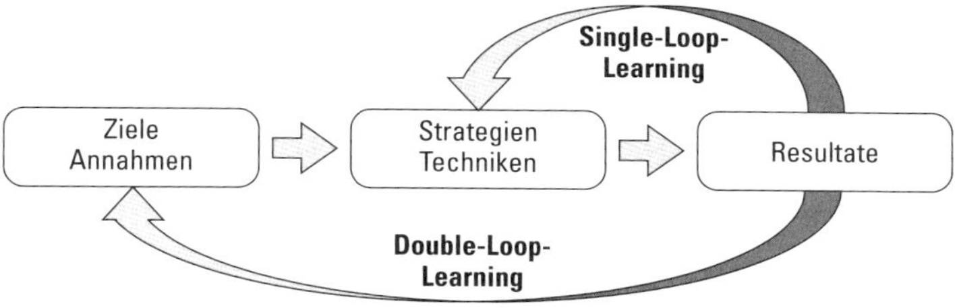

Triple-Loop-Learning In der dreifachen Rückkopplungsschlaufe beim Triple-Loop-Learning wird nicht nur ein konkretes Ziel, sondern die gesamte persönliche Wirklichkeitskonstruktion kritisch betrachtet (Backhausen/Thommen 2007, 94, ▶ Konstruktivismus). Damit wird die Frage nach dem Sinnzusammenhang gestellt und ein grundlegender Wandel initiiert.

Kritik Das Single- und Double-Loop-Lernmodell zeigt, wie durch Feedback Korrekturen ausgelöst werden können. Dies erklärt einen Teilaspekt der Kommunikation, nämlich eine mögliche Wirkung auf die Gesprächspartner durch den kommunikativen Austausch. Lernmodelle werden normalerweise nicht eingesetzt, um Kommunikationsprozesse abzubilden. Die Rückkopplungsschlaufen machen jedoch deutlich, dass ein Gespräch nicht linear verlaufen muss, sondern sich immer wieder Rückbezüge ergeben. Diese Rückbezüge können Anlass sein, aktuelles Handeln, aber auch zugrunde liegende Annahmen oder sogar die persönliche Wirklichkeitskonstruktion neu zu überdenken.

Literatur und Links

Argyris, C./Schön, D.A. (2006): Die lernende Organisation.

Backhausen, W.J./Thommen, J.-P. (2007): Irrgarten des Managements.

Walter-Busch, E. (2008): Arbeits- und Organisationspsychologie im Überblick.

Selbstwertgefühl

Begriff ___ Das Selbstwertgefühl ist die Bewertung der eigenen Person. Es resultiert aus dem Vergleich der eigenen Eigenschaften und Fähigkeiten mit den Anforderungen des Umfelds. Verwandte Begriffe sind Selbstvertrauen, Selbstbewusstsein und Selbstachtung. «Selbstachtung ist ein Konzept, eine ▶ Einstellung, ein ▶ Gefühl, eine Vorstellung und kommt im Verhalten eines Menschen zum Ausdruck.» (Satir 2010a, 39)

Aufbau ___ Das Selbstwertgefühl bildet sich sowohl in der Auseinandersetzung mit der eigenen Person als auch im sozialen Vergleich mit anderen Menschen. Es setzt sich aus verschiedenen Faktoren zusammen: das Verhältnis zu sich selbst (Akzeptanz), die Wahrnehmung von sich selbst und die Wahrnehmung durch andere sowie das Auftreten in der Gesellschaft.

Faktoren des Selbstwertgefühls

Faktoren	Beschreibung
Akzeptieren der eigenen Person («ich bin o.k.»)	Wer mit sich selbst «im Reinen» ist und sich mit allen Unzulänglichkeiten schätzen kann, hat es einfacher, auch anderen Respekt entgegenzubringen («du bist o.k.»). Auf der Grundlage gegenseitiger Achtung entsteht erst eine gute Kommunikation (Harris 2009). (▶ Transaktionsanalyse)
Innen- und Außensicht	Die fünf Faktoren des Selbstwertgefühls (nach Birkenbihl 2010, 25) sind: 1. *Gewissen.* Das Gewissen besteht aus selbst entwickelten und aus der Umwelt übernommenen Verhaltensregeln. Sobald ich etwas tue oder zu etwas genötigt werde, das sich mit meinem Gewissen nicht vereinbaren lässt, greife ich mein Selbstwertgefühl an. 2. *Selbstbild.* Jede Diskrepanz zwischen dem eigenen Idealbild und dem Bild, das andere von mir haben, greift das Selbstwertgefühl an. 3. *Wertschätzung der Person.* 4. *Anerkennung der Leistung.* 5. *Eros und Sexualität.* Mit Eros ist die zwischenmenschliche Beziehung in einer Partnerschaft gemeint. Das Selbstwertgefühl als Frau oder Mann hängt davon ab, sich in beiden Bereichen akzeptiert zu fühlen.
Anspruch an die Gesellschaft (nach Schein)	Jeder Mensch verlangt, dass er von seinen Mitmenschen je nach Situation so behandelt wird, wie es seinem selbstbestimmten Wert entspricht. In der Regel werden die Erwartungen andeutungsweise verbalisiert. Geht das Umfeld nicht auf diesen Anspruch ein, so verliert die Person «das Gesicht». Eine Gesellschaft kann nur funktionieren, wenn die Regeln zur «Gesichtswahrung» eingehalten werden. (Schein 2003, 143–145).

Praxistipps

Angriffe auf das eigene Selbstwertgefühl dürfen nicht toleriert werden. Sonst nagen sie am Selbstvertrauen und schwächen die Person.

- Bei direkten verbalen Angriffen braucht es Schlagfertigkeit. Fehlt die Schlagfertigkeit im Moment, sollte im Nachhinein mit der betreffenden Person über die Verletzung gesprochen werden.
- Auch das Bloßstellen in Gesellschaft kann mit Schlagfertigkeit abgewehrt werden, falls der Gesichtsverlust nicht zu starke emotionale Reaktionen auslöst, die von anderen als Schwäche (beispielsweise als Überempfindlichkeit) ausgelegt werden können. Das Zurückweisen einer derartigen Behandlung kann gegenüber der betreffenden Person auch in einem ruhigeren Moment erfolgen.
- Am schwierigsten ist es, mangelnder Wertschätzung und einer negativen Einstellung zur eigenen Person zu begegnen, wenn sie nicht direkt in Worten ausgedrückt werden. Dann ist man darauf angewiesen, eine diesbezügliche Vermutung auszusprechen und die Art der Beziehung zu thematisieren.

Literatur und Links

Satir, V. (2010a): Kommunikation – Selbstwert – Kongruenz.

Lindemann, G./Heim, V. (2010): Erfolgsfaktor Menschlichkeit. Wertschätzend führen – wirksam kommunizieren.

Simon, B./Trötschel, R. (2007): Das Selbst und die soziale Identität.

Sender-Empfänger-Modell

Begriff ______ Das Sender-Empfänger-Modell (von Shannon und Weaver) stammt aus der Nachrichtentechnik. Es stellt den Vorgang der Informationsübermittlung in vereinfachter Form dar. Eine Nachricht wird von einem Sender verschlüsselt (encodiert) und über einen Übertragungskanal dem Empfänger übermittelt. Der Empfänger entschlüsselt (decodiert) die Nachricht. Störungen können bei der Übermittlung, aber auch beim Encodieren und Decodieren der Nachricht auftreten, insbesondere dann, wenn Sender und Empfänger nicht den gleichen Code verwenden.

Besonderheiten ______ Bei diesem Modell geht es nicht um den Inhalt der Information, sondern um die technische Übertragbarkeit von Nachrichtensignalen beziehungsweise um die Erklärung, wo Störungen auftreten können.

Sender-Empfänger-Modell

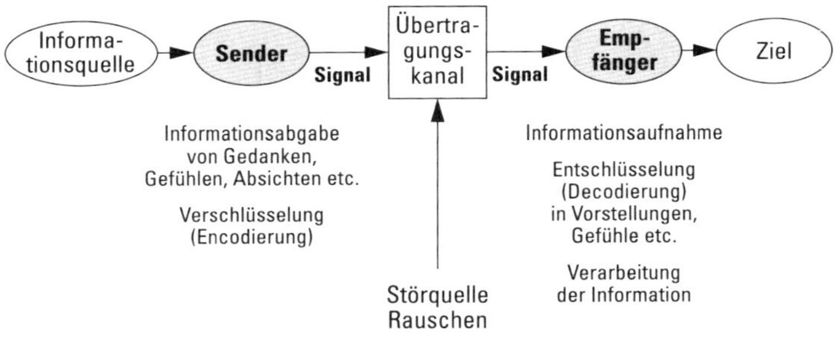

Der Sprachcode ——— Die menschliche Sprache besteht aus einer Anzahl von Lauten, die zu Wörtern geformt werden. Mit diesen Wörtern wird eine Bedeutung verbunden, dass heißt, Wörter weisen auf etwas hin, was über ihren Klang hinausgeht. Daher wird Sprache auch als ein System von Zeichen verstanden, in dem Laut und Bedeutung einander zugeordnet sind. Im Verständnis der Nachrichtentechnik wird dieses Zeichensystem als Code bezeichnet. Störungen können auftreten

- beim *Encodieren* der Nachricht, wenn der Sender das, was er sagen möchte, nicht klar genug in Worte fassen kann oder die Körpersprache nicht mit dem übereinstimmt, was er sagt.
- bei der *Nachrichtenübermittlung,* wenn der Empfänger nicht aufmerksam zuhört, zu leise gesprochen wird, zu viel Lärm in der Umgebung ist oder – was auch geschehen kann – die Nachricht gar nicht gesendet wird.
- beim *Decodieren* der Nachricht, wenn der Empfänger mit den Wörtern eine andere Bedeutung verbindet als der Sender. Sprachliche Signale sind mehrdeutig, insbesondere in unterschiedlichen Kulturkreisen oder bei der Verwendung von Fachsprachen gegenüber einem Laien.

Kritik ——— Das Sender-Empfänger-Modell ist eine stark vereinfachte Darstellung, die den Kommunikationsprozess in seiner Komplexität nicht abbildet. Die verwendeten Begriffe «Sender», «Empfänger», «Informationsübermittlung», «encodieren» und «decodieren» haben sich hingegen allgemein bei der Beschreibung von Kommunikation durchgesetzt.

Literatur und Links

Bruhn, M. (2009): Kommunikationspolitik.

Signale

Begriff ______ Ein Signal ist ein Zeichen, dem eine bestimmte Bedeutung zugeordnet wird. In den Sprachwissenschaften ist damit eine Lautfolge (z. B. ein Wort) gemeint, mit der ein Sinn verbunden wird. Bei rein optischen Signalen verweist die Form auf eine bestimmte Bedeutung (z. B. Verkehrszeichen).

Arten ______ In der Kommunikation werden verbale und nonverbale Signale unterschieden:

1. *Verbale* Signale sind mit Bedeutung versehene Laute. Sie werden mit den menschlichen Sprachwerkzeugen erzeugt und können akustisch wahrgenommen werden. Verbale Kommunikation im engeren Sinn ist die mündliche Sprache.
2. *Nonverbale* Signale sind die Zeichen, die nicht der gesprochenen Sprache zuzurechnen sind (siehe Abbildung). Das Spektrum nonverbaler Kommunikation ist sehr breit:
   - Gestaltung der *Stimme* (prosodische Signale): Lautstärke, Stimmlage, Modulation (Laut-leise-Wechsel, Betonung), Sprechtempo und Pausen.
   - *Rahmensignale:* Ausdruckskommentar zu einer einzelnen Äußerung durch den Sprechenden: Durch die Stimmführung wird angezeigt, wie die Aussage zu verstehen ist, zum Beispiel als Spaß oder Aufforderung, etwas zu tun.
   - *Paraverbale* Signale: Werden zwar mit den Artikulationsorganen hervorgebracht, haben aber keine inhaltlich-verbale Funktion (z. B. Lachen, Weinen). Sie vermitteln hingegen die Befindlichkeit des Sprechenden (▶ Gefühl).
   - *Gestik* (kinetische Signale): Meist Handbewegungen (und in geringerem Maße auch andere Körperbewegungen) von Seiten des Sprechenden und des Zuhörenden, die sich auf die zeitliche Abstimmung der Redebeiträge oder die Inhalte der Äußerungen beziehen.
   - *Körpersprache:* Gestik des gesamten Körpers, Haltung, im weiteren Sinn auch die Körperspannung, Mimik, Blickkontakt.
   - *Räumliches Verhalten:* Abstand und Winkel zwischen den Gesprächspartnern.
   - *Nebenhandlungen:* Bewegungen, die nicht unmittelbar zum Gespräch gehören (z. B. an die Nase fassen).

Nonverbale Signale

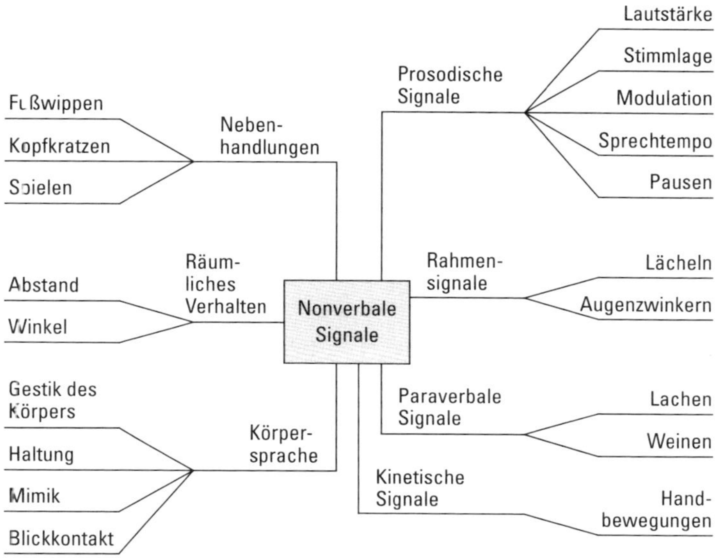

Quelle: Hintermann 2008a, 121

Praxistipps

Für die gegenseitige Verständigung ist auf verbale und nonverbale Signale gleichermaßen zu achten. Gesprochen wird zwar mit den Stimmorganen, aber die Unterhaltung geschieht mit dem ganzen Körper:

- Mit verbalen Signalen wird der Inhalt vermittelt.
- Mit nonverbalen Signalen liefert der Sender einen Kommentar, wie seine Äußerungen zu verstehen sind und wann seine Rede beendet ist.
- Der Empfänger zeigt mit nonverbalen Signalen, dass er zuhört, welche Reaktionen die Äußerungen des Senders bei ihm auslösen und wann er auch etwas sagen möchte.

Literatur und Links

Argyle, M. (2005): Körpersprache & Kommunikation.

Birkenbihl, V.F. (2009): Signale des Körpers.

Molcho, S. (2010): Körpersprache.

Situationsmodell

Begriff ____ Das Situationsmodell (nach Schulz von Thun 2010/3) ist eine bildliche Darstellung der Einflussfaktoren auf Gruppengespräche. Es kann eingesetzt werden zur Erklärung und Analyse der Vorgänge während eines Gruppengesprächs wie auch zur Vorbereitung auf eine Sitzungsleitung.

Modell ____ Die vier wesentlichen Einflussfaktoren auf die Situation «Gruppengespräch»:

1. Im Eingangskanal steht die *Vorgeschichte,* die dazu geführt hat, dass eine Besprechung stattfindet. Wer hat wen dazu eingeladen? Gab es bereits in der Vorphase Vorabklärungen oder Vorgespräche, deren Ergebnisse berücksichtigt werden müssen? (Das vielfältige Geflecht der Anlässe wird durch das Fadengewirr symbolisiert.)
2. Im Oberbauch steht das *Thema* der Besprechung. Das Thema ist meist schon im Einladungsgespräch oder auf einer dem Einladungsschreiben beigelegten Traktandenliste bekannt gemacht worden. Das Thema sollte im Einklang mit dem Anlass und den Zielen stehen. Sonst stiftet es Verwirrung. Es ist zu Beginn auch wichtig, zu klären, was nicht besprochen werden soll.
3. Im Unterbauch wird die *zwischenmenschliche Struktur* der Beteiligten und ihrer Rollen (mit Hüten dargestellt) festgehalten (▶ Rollentheorien).
4. Im Ausgangskanal wird notiert, was bei der Besprechung herauskommen soll. Der Sitzungsleiter sollte seine Ziele bekannt geben und auch das, was zum jetzigen Zeitpunkt nicht erreicht werden soll. Die Teilnehmenden haben je ihre eigenen Ziele und gegebenenfalls nach der Sitzung spezifische Aufgaben (dargestellt als Fadengewirr).

Situationsmodell

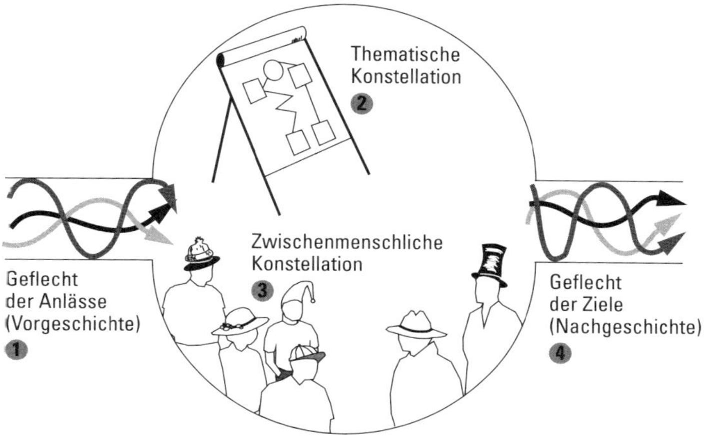

Quelle: Schulz von Thun 2010/3, 284

Praxistipps

Exemplarische Sitzungsleitung:

- Zu Beginn der Besprechung wird die Vorgeschichte kurz erwähnt, damit alle auf dem gleichen Wissensstand sind. Kennen sich die Teilnehmenden noch nicht, können in einer Vorstellungsrunde auch die Erwartungen und Ziele der Teilnehmenden erfragt werden. Der Sitzungsleiter gibt seine Ziele ebenfalls bekannt.
- Mit dem Thema der Besprechung kann bereits der Zweck der Zusammenkunft angegeben werden.
- Rollen und Aufgaben der Teilnehmenden können im Voraus oder während der Sitzung geklärt werden. Die Teilnehmenden müssen auch erfahren, wie das Sitzungsergebnis erreicht werden soll.
- Die Sitzungsergebnisse werden am Schluss der Besprechung kurz zusammengefasst und die Folgeaktivitäten den entsprechenden Personen zugewiesen.

Literatur und Links

Schulz von Thun, F. (2010): Miteinander reden. Bd. 3.

S-O-R-Modell

Begriff Das S-O-R-Modell (Stimulus-Organismus-Response-Modell) ist eine Erweiterung des ▶ S-R-Modells. Die Black Box des S-R-Modells wird «geöffnet», um die Vorgänge im Inneren des reizempfangenden Organismus in die Erklärung und Erforschung menschlichen Verhaltens mit einbeziehen zu können. Nicht direkt beobachtbare intervenierende Variablen des Organismus werden unter dem Begriff kognitiv-emotionale Einstellungen zusammengefasst. Solche Variablen sind beispielsweise Wahrnehmung des Reizes, Lernen, Erinnerungen (im Kurz- und Langzeitgedächtnis), ▶ Emotionen, der Grad der Aktivierung, motivierende Dinge oder Personen.

Das S-O-R-Modell macht anschaulich, wie viele Einflussfaktoren im Inneren des Organismus wirken und warum in der Kommunikation die Reaktion auf einen Informationsreiz nicht vorhergesagt werden kann.

S-O-R-Modell

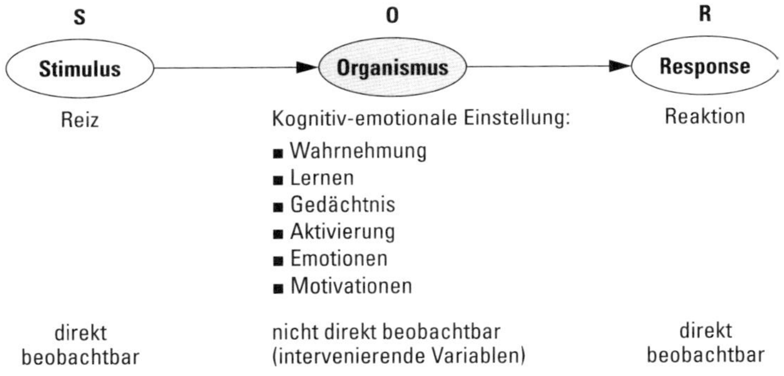

Anwendung Das S-O-R-Modell diente unter anderem als Grundlage für die Erforschung des Konsumentenverhaltens. Die Wirtschaftswissenschaften, insbesondere die Marketingforschung, öffneten sich damit gegenüber der Psychologie und Soziologie. Bei der empirischen Messung des Verhaltens treten jedoch Probleme auf:

- Die intervenierenden Variablen des Organismus können zwar benannt werden, aber eine eindeutige Definition der einzelnen Faktoren ist problematisch und wissenschaftlich nicht gelöst.
- Das hat zur Folge, dass auch nicht klar ist, was gemessen werden soll und wie stark die einzelnen Faktoren zu gewichten sind.
- Die Messbarkeit wird zudem erschwert durch den Umstand, dass die Vorgänge im Organismus nicht direkt beobachtbar sind. Sie müssen durch geeignete Methoden erschlossen werden.
- Mit welcher Methode realitätsnahe Ergebnisse erzielt werden können, wird ebenfalls kontrovers diskutiert.
- Der Erhebungsaufwand bei derartigen Befragungen ist groß.

Die Konsumentenverhaltensforschung hat sich nach diesen Erfahrungen einfacheren Modellen zugewendet, die nur bestimmte Situationen erfassen.

Kritik Auch wenn das S-O-R-Modell wissenschaftlich wenig genutzt werden kann, es vermittelt eine Vorstellung davon, wie komplex der Kommunikationsprozess ist.

Literatur und Links

Bruhn, M. (2009): Kommunikationspolitik.

Begriff___ Sozialkompetenz – auch «soft skills» genannt – bezeichnet «das Ausmaß, in dem der Mensch fähig ist, im privaten, beruflichen und gesamtgesellschaftlichen Kontext selbständig, umsichtig und nutzbringend zu handeln» (Faix/Laier 1996, 62).

Sozialkompetenz zeigt sich im Verhalten. Selbständig sein heißt, seine eigenen Wünsche und Ziele zu kennen, Entscheidungen im Einklang mit sich selbst zu treffen und seine Anliegen verständlich auszudrücken. Wer für seine Mitmenschen nutzbringend sein möchte, muss fähig und bereit sein, auch ihre Anliegen zu erkennen und auf sie einzugehen. Umsichtiges Verhalten berücksichtigt darüber hinaus die Gegebenheiten der jeweiligen Situation, sei es als Privatperson, Berufsmensch oder Gesellschaftsmitglied.

Sozialkompetenz ist ein vielschichtiger und häufig unklar verwendeter Begriff. Er überschneidet sich mit vielen ähnlich gelagerten «Tugenden» (Persönlichkeitsmerkmalen). So ist beispielsweise Kommunikationsfähigkeit ein wichtiger Teil der Sozialkompetenz. Andererseits vereinfacht Sozialkompetenz die Kommunikation und kann diesbezüglich als Schlüsselqualifikation angesehen werden.

Fähigkeiten und Eigenschaften___ Kennzeichnend für Sozialkompetenz sind Authentizität, ▶ Perspektivenwechsel, ▶ aktives Zuhören und Einfühlungsvermögen. Sozial kompetente Menschen finden sich in unterschiedlichsten Situationen zurecht, agieren geschickt und ausgleichend. Sie erkennen den positiven Kern in den Aussagen oder im Verhalten anderer, selbst wenn ihnen die Meinung oder die innere Haltung des anderen nicht liegt oder sogar unangenehm ist.

Zu den Persönlichkeitsmerkmalen, die Sozialkompetenz zugeschrieben werden, gehören: gesundes Selbstbewusstsein, Motivations- und Überzeugungskraft, Kritikfähigkeit, Verantwortungsbewusstsein, Entscheidungsfreude, Durchsetzungsvermögen und Lernbereitschaft (Donnert 2003). Diese Merkmale werden auch als notwendige Charaktereigenschaften für eine Führungstätigkeit angeführt. Der Übergang zur Führungskompetenz ist also fließend. Genauso schwer lässt sich eine klare Grenze zur Selbstkompetenz ziehen.

Egoismus und Altruismus___ Während ein Egoist nur sich selbst und seine Interessen wahrnehmen kann, steht für den Altruisten der Nutzen der anderen Menschen im Vordergrund und er vergisst sich selbst. Mit Sozialkompetenz ist weder das eine noch das andere gemeint, sondern die Fähigkeit, eine Balance zwischen eigenen und fremden Anliegen herstellen zu können.

Situationsgerecht handeln Die Anforderungen einer Situation zu erkennen und passend zu reagieren, beinhaltet, dass je andere Fähigkeiten zum Einsatz kommen. So ist beispielsweise Toleranz nicht in jeder Situation angebracht. Sie ist einerseits eine Stärke, andererseits hat sie als negative Seite das Sich-nicht-Einmischen, das Gleichgültigkeit oder sogar Angst vor Konfrontation als Ursache haben kann. In Situationen, in denen Menschen bedroht, gedemütigt oder angegriffen werden, ist genau das Gegenteil von Toleranz gefragt, nämlich Zivilcourage, um derartiges Verhalten in die Schranken zu weisen. Wer sich in seiner Toleranzfähigkeit sonnt, riskiert in derartigen Situationen, etwas Inakzeptables zu dulden. Umgekehrt führt ausgeprägte Konfrontationslust schnell einmal zur Verachtung der Schwächeren und hat damit auch eine negative Seite (Schulz von Thun 2004, 166–175). In seinem Wertequadrat zeigt Schulz von Thun, dass zu jeder Fähigkeit eine konträre «Schwestertugend» gehört, die die Einseitigkeit einer Fähigkeit aufhebt. Die Entwicklung besteht darin, die negativen Seiten einer Fähigkeit zu überwinden und die positive Seite der konträren Tugend anzustreben (Schulz von Thun 2009/2).

Sozialkompetenz hat also nichts mit dauerhafter Nettigkeit zu tun, sondern ist ein Bündel unterschiedlichster Fähigkeiten, die im richtigen Moment situationsgerecht eingesetzt werden.

Wertequadrat

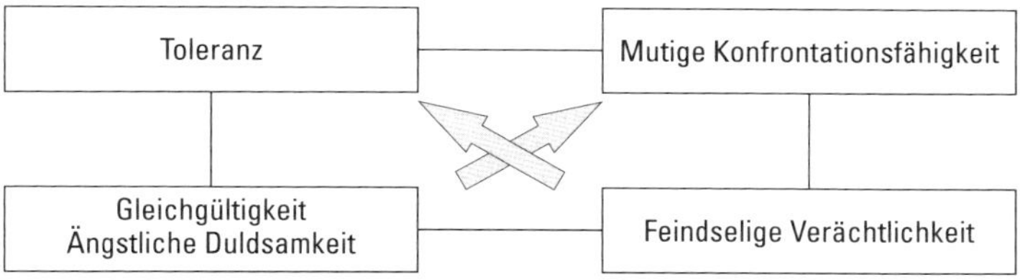

Quelle: in Anlehnung an Schulz von Thun 2004, 171

Literatur und Links

Faix, W. G./Laier, A. (1996): Soziale Kompetenz.

Crisand, E. (2002): Soziale Kompetenz als persönlicher Erfolgsfaktor.

S-R-Modell

Begriff ____ Das S-R-Modell (Stimulus-Response-Modell) erklärt menschliches Verhalten auf Grundlage des naturwissenschaftlichen Reiz-Reaktions-Schemas mit dem Reiz als Stimulus und der Reaktion darauf als Response. Stimulus und Response sind beobachtbare Größen. Dazwischen liegt eine «Black Box», nämlich das, was sich im Inneren des Organismus abspielt und nicht direkt beobachtet werden kann. Es wird unterstellt, dass auf einen bestimmten Reiz immer die gleiche Reaktion erfolgt, wie dies bei biologischen Reizen der Fall ist. Es gibt also keinen Unterschied zwischen den verschiedenen Rezipienten, da alle die gleiche Reaktion zeigen.

Das S-R-Modell ist Vorlage für das ► Sender-Empfänger-Modell und veranschaulicht den Prozess der Informationsübermittlung.

S-R-Modell

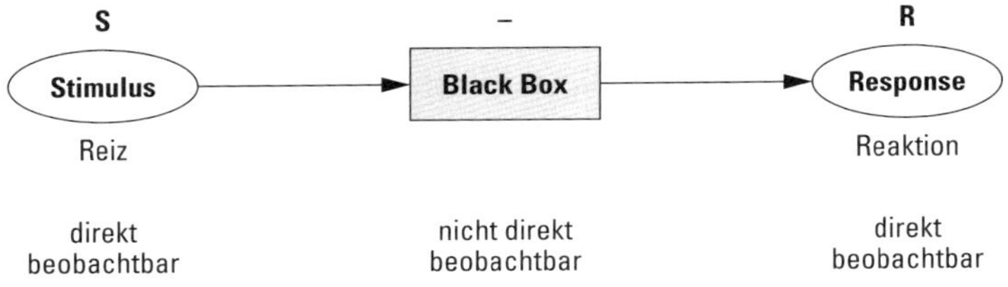

Anwendung ____ Auf dem S-R-Modell basierten unter anderem die ersten Forschungen zur Medienwirksamkeit und zum Konsumentenverhalten (Marketing).

Weiterentwicklung ____ Das S-R-Modell weist dem Rezipienten eine passive Rolle zu: Er reagiert einfach nur auf Reize. Dies entspricht gerade im Mediennutzungsverhalten nicht der beobachteten Realität. Die Medienwissenschaften haben daher das Modell mit anderen Annahmen versehen. Der Nutzen- und Belohnungsansatz (Uses-and-Gratification-Approach) gibt dem Rezipienten eine aktive Rolle, indem er eine selektive Auswahl trifft, welche Informationen für ihn nützlich sind und welche er überhaupt aufnehmen möchte. Der dynamisch-transaktionale Ansatz sieht Kommunikation als Wechselwirkung zwischen Kommunikator und Rezipient, wobei es sich nicht um ein bewusstes Aushandeln, sondern mehr um einen gewohnheitsmäßigen und gefühlsbasierten Prozess handelt.

Das ▶ Sender-Empfänger-Modell von Shannon und Weaver stellt anstelle der Black Box den Übertragungskanal in die Mitte, da sich die beiden Mathematiker mit der technischen Übertragbarkeit von Signalen (wie sie z.B. für das Telefon notwendig sind) beschäftigten. Der Inhalt der Botschaften, wie sie verarbeitet werden und welche Wirkung sie erzielen, interessierte sie nicht.

Eine Erweiterung des S-R-Modells aus soziologischer Sicht ist das Stufenschema der Kommunikation, in dem auch die Rückmeldung des Empfängers eingezeichnet ist (▶ Stufenmodell).

Kritik ____ Die Annahme, dass auf einen Reiz immer die gleiche Reaktion folgen muss, entspricht nicht der Realität. Der Reiz ist einer von vielen Faktoren, welche die Reaktion bestimmen. Die Vorgänge im Inneren der Black Box müssen für die Erklärung menschlichen Verhaltens genauer betrachtet werden. Dies geschieht mit der Erweiterung des S-R-Modells zum ▶ S-O-R-Modell, das die Faktoren im reizempfangenden Organismus berücksichtigt.

Literatur und Links

Bruhn, M. (2009): Kommunikationspolitik.

Stufenmodell

Begriff ______ Das Stufenmodell des Soziologen Horst Reimann veranschaulicht den Vermittlungsprozess für verschiedene Arten von Kommunikationssystemen. Die Darstellungsform des Stufen-

Stufenmodell der Kommunikation

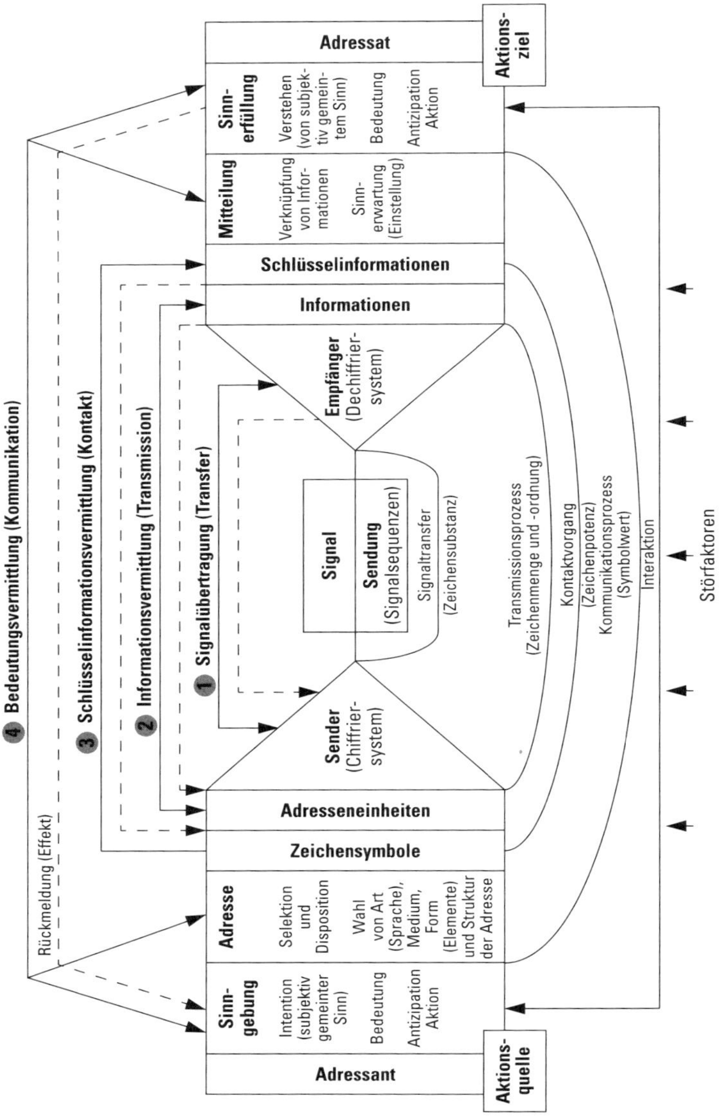

Quelle: in Anlehnung an Reimann 1974, 88

modells basiert auf dem Reiz-Reaktions-Schema. Die Vermittlung verläuft in vier aufeinander aufbauenden Stufen:

1. *Transfer:* Die Signalübertragung als physikalischer Vorgang zwischen Sender und Empfänger. Wenn die ▶ Signale beim Empfänger eingetroffen sind, ist der Transfer abgeschlossen.
2. *Transmission:* Die Aufnahme und Speicherung der Signale durch den Empfänger. Die Signalannahme wird selektiv gesteuert durch die Aufmerksamkeit. Mit Aufnahme und Speicherung der Information ist die Transmission abgeschlossen.
3. *Kontakt:* Das Auslösen einer Reaktion beim Empfänger. Dies kann nur geschehen, wenn die Signale erkannt und richtig eingeordnet werden können. Mit der Reaktion ist der Kontakt hergestellt.
4. *Kommunikation:* Das Verstehen der Signale. Dies setzt die Fähigkeit voraus, mit den Signalen eine Bedeutung verbinden zu können (Sinnerfüllung).

Die zwischenmenschliche Kommunikation kann – im Gegensatz zu technischen Systemen – die vierte Stufe erreichen und den Symbolgehalt der Signale entschlüsseln. Das Verständnis ist möglich, wenn eine Strukturverwandtschaft zwischen den Kommunikationspartnern besteht.

Die vier Stufen der Kommunikation können in der Vorstellung getrennt werden. Während des Kommunikationsprozesses werden sie sehr schnell, fast gleichzeitig durchlaufen.

Kritik Die vier Stufen bezeichnen qualitative Unterschiede des Kommunizierens und machen das Spezifische zwischenmenschlicher Kommunikation deutlich. Erst wenn der Empfänger den Sinngehalt einer Aussage erfasst hat, kann von Kommunikation gesprochen werden. Nonverbale Signale sind zwar implizit enthalten, werden aber in ihrem Stellenwert für das Verständnis von Aussagen nicht thematisiert.

Literatur und Links

Reimann, H. (1974): Kommunikations-Systeme.

Transaktionsanalyse

Begriff ____ Eine Transaktion im psychologischen Sinn ist ein «seelischer» Geschäftsabschluss zwischen zwei Menschen. Der Sender macht mit seinem Verhalten ein bestimmtes Angebot (Transaktions-Stimulus), auf das der Empfänger mit seinem Verhalten (Transaktions-Reaktion) reagiert (Berne 2007, 32). Die Transaktionsanalyse ist ein psychologisches Modell, das die Kommunikation in Form eines Vertrages zwischen zwei Menschen beschreibt. Der Vertragsinhalt ist das Kommunikationsverhalten. Besteht darüber zwischen den Gesprächspartnern Einigkeit, so gibt es keine Komplikationen in der Kommunikation. Wird das Angebot des einen Partners vom anderen aber nicht akzeptiert oder besteht Unklarheit darüber, welches Kommunikationsverhalten angesprochen ist, so entstehen Konflikte.

Modell ____ Die Persönlichkeitsstruktur eines Menschen wird so erklärt, dass er in jedem Augenblick seines Lebens aus einem der drei Ich-Zustände (Eltern-Ich, Kindheits-Ich oder Erwachsenen-Ich) handelt und reagiert. Der Ich-Zustand zeigt sich in der Art und Weise, wie etwas gesagt wird (Berne 2007, 26–31, Kälin/Müri 2005, 35–41):

1. Das *Eltern-Ich* tritt in kritisch-wertender oder stützend-fürsorglicher Form auf. Hier sind alle Regeln und Normen der Erzieher aufgezeichnet und stehen original für ein ganzes Leben zur Verfügung. Es ist das gelernte Weltbild.
2. Das *Kindheits-Ich* kann natürlich-spontan oder angepasst-unterwürfig sein. Hier sind die gefühlsmäßigen Reaktionen auf Erlebnisse der Kindheit (wie Freude, Lust am Entdecken, Frustration, Schuldgefühle) gespeichert. Es ist das gefühlte Weltbild.
3. Das *Erwachsenen-Ich* äußert sich rational und sachlich. Hier werden Informationen gesammelt und verarbeitet. Seine Aufgabe ist es, die Daten aus dem Eltern- und dem Kindheits-Ich auf ihre Aktualität hin zu überprüfen und ein rational begründbares Urteil zu fällen. Es ist das gedachte Weltbild.

Modell der Transaktionsanalyse

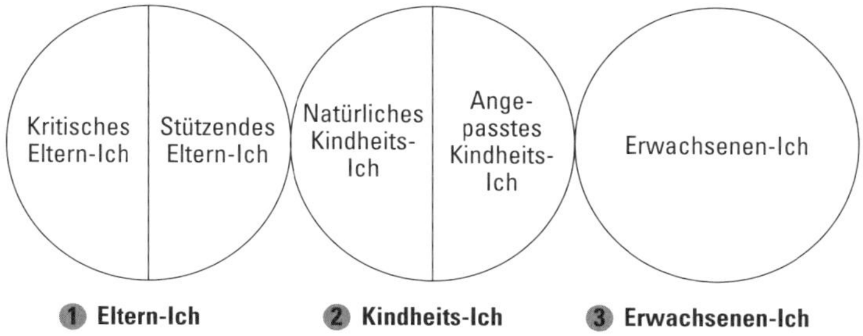

Quelle: Hintermann 2008a, 94

Praxistipps

Der Ich-Zustand der anderen und der eigenen Person werden meist nicht bewusst wahrgenommen. Die Zustände ergeben sich im Verlauf des Gesprächs und können sich innerhalb eines Gesprächs auch verändern. Es braucht allerdings etwas Übung, um zu erkennen, in welchen Ich-Zuständen jemand gerade spricht. Kein Ich-Zustand ist dem anderen übergeordnet, sie haben alle drei gleich wichtige Funktionen:

- Die Regeln unserer Eltern sind normalerweise ein Lebenskonzept, das hilft, den Alltag zu bewältigen.
- Kreativität und Unangepasstheit des Kindheits-Ichs initiieren Fortschritt.
- Das Erwachsenen-Ich ermöglicht eine rational-sachliche Verständigung.

Literatur und Links

Berne, E. (2007): Spiele der Erwachsenen.

Harris, T.A. (2009): Ich bin o.k. Du bist o.k. Wie wir uns selbst besser verstehen und unsere Einstellung verändern können.

Kälin, K./Müri, P. (2005): Sich und andere führen.

Veränderung ____ Veränderung ist ein Vorgang, bei dem ein alter Zustand zugunsten eines neuen verlassen wird. Die Veränderung kann sich in kleinem Umfang als Korrektur oder Modifikation vollziehen, aber auch eine radikale Neugestaltung beinhalten. Mit dem Prozess der Veränderung sind beim Menschen Änderungen im Denken, Fühlen und Verhalten verbunden.

Veränderungsmodell nach Kurt Lewin ____ Ein Veränderungsmodell zeigt in schematischer Weise auf, wie sich ein Veränderungsprozess vollzieht. Kurt Lewin beschreibt in seinem dreiphasigen Modell, wie neue Verhaltensweisen erlernt und angeeignet werden.

1. Phase 1: Auftauen (unfreezing): Bisher selbstverständliche Verhaltensweisen müssen aufgegeben («verlernt») werden, bevor ein neues Verhalten etabliert werden kann. Das alte Verhaltensmuster, das aus irgendeinem Grund problematisch geworden ist und nun verändert werden soll, hat jedoch bis zu diesem Zeitpunkt funktioniert. Mit dem Loslassen gewohnter Verhaltensweisen gehen auch der damit verbundene Halt und die Orientierung verloren sowie ein Teil der Identität und der Selbstachtung. Der Veränderungsbedarf zeigt unerbittlich auf, dass ein Mensch noch nicht perfekt ist, was als Gesichtsverlust erlebt werden kann (Schein o.J., 2). Der Widerstand gegen die Veränderung ist daher verständlich und kann verringert werden, wenn der Lernende selbst die Problematik erkennt und von sich aus zur Verhaltensänderung motiviert ist. In dieser Phase ist Zutrauen zu sich selbst besonders wichtig (► Selbstwertgefühl).
2. Phase 2: Verändern (changing): Neue, alternative Denk- und Verhaltensformen werden entwickelt und ausprobiert. Das gedankliche Neukonstruieren kann bedeuten, dass einzelne Wörter eine andere Bedeutung erhalten, begriffliche Zusammenhänge anders interpretiert werden oder neue Bewertungskriterien entwickelt werden (Schein o.J., 2). In dieser Phase ist Verstehen-Können besonders wichtig (► Verständigung).
3. Phase 3: Festigung (refreezing): Das neue, ausprobierte Verhalten wird in das gesamte Verhaltensrepertoire integriert. Der Anpassungsprozess zwischen neuem und restlichem Verhalten muss sorgfältig vorgenommen werden, damit die Verhaltensänderung dauerhaft ist. In dieser Phase ist ► Feedback besonders wichtig.

Veränderungsmodell nach Kurt Lewin

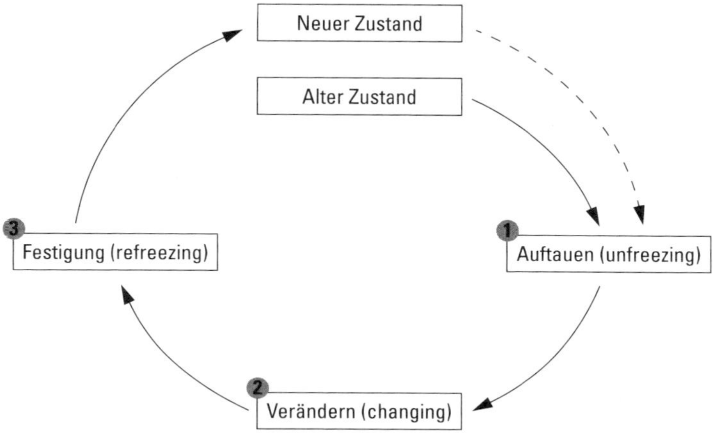

Kritik Das Veränderungsmodell nach Kurt Lewin beschreibt Veränderungsprozesse im Allgemeinen. Zum Verstehen des Kommunikationsprozesses kann er in zweifacher Hinsicht zugrunde gelegt werden:

1. Als Bild für den Gesprächsverlauf als Entwicklung in einer Spiralform.
2. Als Interpretationshilfe für Vorgänge bei den Kommunizierenden während und nach dem Gespräch.

Literatur und Links

www.a2zpsychology.com/articles/kurt_lewin's_change_theory.php

Dialogisches Lernen:
www.lerndialog.uzh.ch/model/instruments/core.html

Veränderungsprozess

Begriff ___ Veränderungen können von innen (z.B. durch Unzufriedenheit mit einer aktuellen Situation) oder von außen (z.B. durch neue Rahmenbedingungen) ausgelöst werden. Sie können aktiv gesucht, aber auch von außen aufgezwungen werden. Wie die neuen Veränderungsziele aufgenommen, verarbeitet und umgesetzt werden, vollzieht sich jedoch immer in den aufeinanderfolgenden Phasen des Veränderungsprozesses mit seinen typischen Begleiterscheinungen (Salerno/Brock 2009):

Phase	Name	Beschreibung	Aufgabe
1	Verlust	Das Verlassen eines gewohnten Zustands löst Angst aus, gedanklich gibt es noch keine Orientierung, wohin die Reise gehen wird, was Handlungsunsicherheit bewirkt.	wieder Sicherheit gewinnen
2	Zweifel	Ob die eingeschlagene Richtung wirklich zielführend ist, kann zu Recht bezweifelt werden. Es ist also viel Kommunikation nötig – auch mit sich selbst, um die Zweifel zu zerstreuen und die ▸ Gefühle zu beruhigen.	sich der Realität stellen
3	Unbehagen	Die konkrete Umsetzung ist in der Regel mit viel Kleinarbeit verbunden, die noch nach dem gewohnten Muster in Angriff genommen wird.	eine Motivation finden
4	Entdeckung	Mit einer neuen Sichtweise öffnen sich plötzlich neue Wege. Das macht Spaß und gibt Energie.	Entscheidungen für die nächsten Schritte
5	Verstehen	Der anvisierte Zustand ist erreicht und die neuen Verhaltensweisen funktionieren. Es gilt, pragmatisch noch kleine Verbesserungen anzubringen.	die Vorteile erkennen
6	Integration	Die Neuerungen werden reflektiert und in den Alltag integriert. Der Erfolg kann gefeiert und genossen werden.	nicht selbstgefällig werden

Der Veränderungskreis

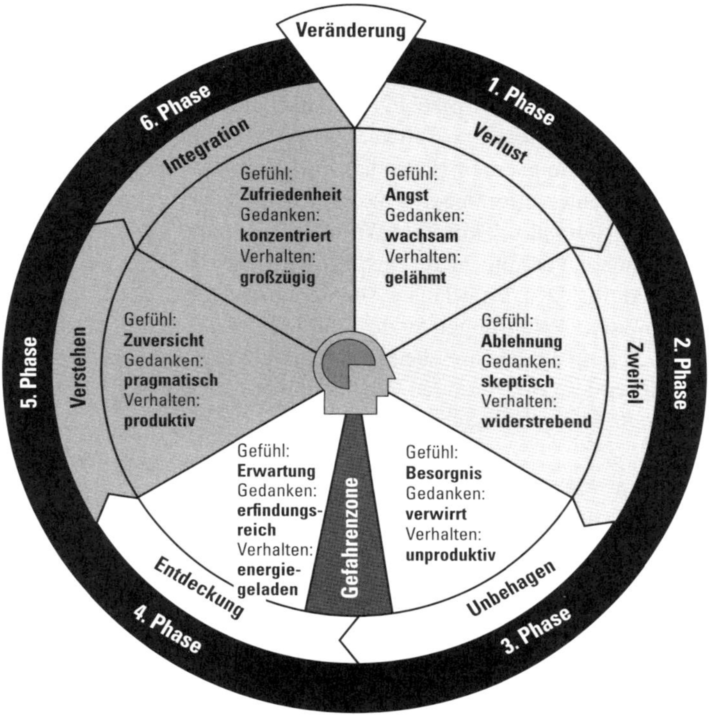

Quelle: Salerno/Brock 2009, vor S. 1

Kritik Durch Kommunikation kann ein Veränderungsprozess bei den Gesprächspartnern angestoßen werden. Der Veränderungskreis beschreibt also die mögliche Wirkung von Kommunikation. Gleichzeitig können die Erlebnisse in den einzelnen Phasen Gegenstand eines Gesprächs sein. Die kreisförmige Darstellungsform erlaubt aber auch, sich den Gesprächsverlauf als Entwicklung vorzustellen.

Literatur und Links

Salerno, A./Brock, L. (2009): Change Cycle.

Verständigung

Begriff ___ Verständigung ist ein anderes Wort für die zwischenmenschliche Kommunikation. In einer zweiten Bedeutung bezeichnet Verständigung das gegenseitige Verstehen.

Problematik ___ Das Instrument für die zwischenmenschliche Verständigung ist die Sprache. Sie funktioniert nach Gesetzen, die nicht unbedingt unserem Innenleben entsprechen. Der Sender hat eine Übersetzungsarbeit (Encodierung) zu leisten, bei der wesentliche Elemente verloren gehen können, weil dazu die Wörter fehlen oder die grammatisch korrekte Wortfolge zu einer Logik zwingt, die dem inneren Vorgang nicht entsprechen muss (▶ Sender-Empfänger-Modell). Der Empfänger versucht, das Gehörte mit seinen Kenntnissen, Erfahrungen und Gefühlen zu verbinden (Decodierung). Zudem ist der Sprachcode nicht eindeutig, da Wörter je nach Kontext andere Bedeutungen haben können. Um sich gegenseitig zu verstehen, kann aber nachgefragt werden.

Alltagsprobleme

Ein einfaches, häufig gebrauchtes Wort wie ein «Ja» des Zuhörers kann mehrere Bedeutungen haben. Es kann Folgendes ausdrücken:

1. Ich höre, was du sagst.
2. Ich höre und verstehe, was du sagst.
3. Ich höre und verstehe, was du sagst, und bin damit einverstanden.

Dreischritt der Verständigung ___ Für die Verständigung ist die Rückkopplung des Empfängers notwendig. Die drei Schritte der Verständigung sind (Galliker/Weimer 2006):

1. Die Aussage des Senders, die vom Empfänger verstanden werden soll (Interpretandum).
2. Die Aussage des Empfängers, die wiedergibt, was er verstanden hat (Interpretation).
3. Die Rückmeldung des ursprünglichen Senders, mit der er mitteilt, ob er mit der Interpretation einverstanden ist (Qualifikation).

Das Verstehen der Gefühle des Gesprächspartners wird mit ▶ aktivem Zuhören erreicht.

Dreischritt der Verständigung

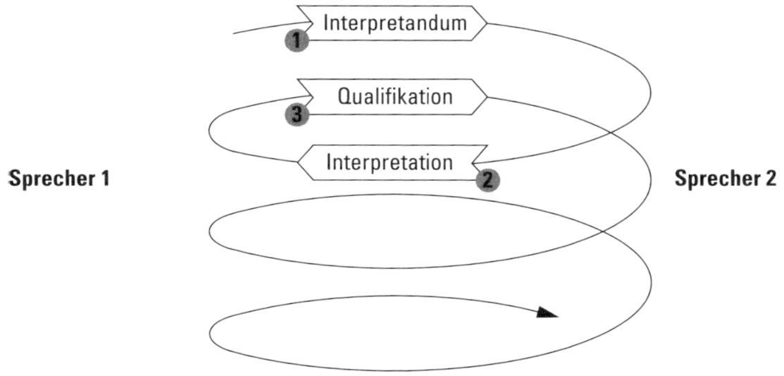

Quelle: in Anlehnung an Galliker/Weimer 2006, 34

Verständigungsprozess Im Verlauf der Kommunikation gelingt es immer besser, den anderen zu verstehen. Die Verständigung vollzieht sich stufenweise (Thommen 2003, 73–74):

- *Erkennen:* Alle wesentlichen Informationen zu einem Sachverhalt müssen bekannt sein.
- *Verstehen:* Die Informationen müssen nachvollziehbar sein (zum Beispiel in einer Sprache verfasst, die der Empfänger versteht).
- *Verständnis:* Der Empfänger kann sich in die Lage des Senders versetzen und die Situation mit dessen Augen ansehen. Verständnis bedeutet aber noch nicht Einverständnis.
- *Akzeptanz:* Der Empfänger kann dem Sender zustimmen, dass dieser im Rahmen seiner Möglichkeiten die beste Lösung gewählt hat.

Je näher sich die Welten der Kommunizierenden sind, umso einfacher ist die Verständigung (z.B. wenn beide von gemeinsamen Erlebnissen sprechen). Was aber nicht heißt, dass sie den gleichen Blickwinkel haben und die Ereignisse identisch interpretieren.

Literatur und Links

Galliker, M./Weimer, D. (2006): Psychologie der Verständigung.

Rechenberg, P. (2006): Technisches Schreiben (nicht nur) für Informatiker.

Thommen, J.-P. (2003): Glaubwürdigkeit und Corporate Governance.

Vertrauen

Begriff ___ Vertrauen ist eine das Verhalten bestimmende Überzeugung, dass ein anderer Mensch nicht hinterrücks eine schädliche Handlung vornimmt oder überraschend in der Zusammenarbeit versagt (Böckli 2005, 31). Vertrauen entsteht einerseits aufgrund von Erlebnissen und Erfahrungen in der Vergangenheit. Es ist ein Wissensschatz, der zu einem Gefühl der Verbundenheit mit Menschen und einem Sicherheitsempfinden in unterschiedlichsten Situationen führt. Andererseits ist es eine Haltung, mit der wir Entscheidungen bezüglich der Zukunft treffen. In der deutschen Sprache unterscheidet der Begriff «Vertrauen» nicht zwischen dem vergangenheitsorientierten Erfahrungsvertrauen und dem zukunftsgerichteten Vertrauen, das in die Tat mündet (Bosshardt 2001, 38f.).

Vertrauensaufbau ___ Der Vertrauensaufbau beginnt in der Regel mit einer riskanten Vorleistung: Ein Partner begeht eine Vertrauenshandlung – sei es eine vertrauliche Information, ein Sich-Verlassen auf eine Zusage oder ein Verzicht auf Kontrolle – mit dem Risiko, dass dieser Vertrauensakt nicht als solcher anerkannt, gewürdigt oder erwidert wird. Zeigt sich der Vertrauensnehmer des Vertrauens würdig, indem er es nicht für eigene Zwecke missbraucht (Opportunismus), dann kann der Prozess des gegenseitigen Vertrauensaufbaus fortgesetzt werden. Vertrauen entwickelt sich stufenweise:

Stufen des Vertrauens

Stufen des Vertrauens	Beschreibung
Situationsbasiertes Vertrauen	Eine bestimmte Situation ist der Grund, warum die Betreffenden miteinander zu tun haben. In der Regel wird ein Vertrauensvorschuss gegeben. Im Vordergrund steht der gegenseitige Nutzen. Im Hintergrund sind sich die Partner der Risiken aber mehr oder weniger bewusst.
Eigenschaftsbasiertes Vertrauen	Mit zunehmender Vertrautheit bilden sich bei den Partnern Erwartungen, wie sich der jeweils andere in Zukunft verhalten wird. Die Erwartungen umkreisen im Wesentlichen Eigenschaften in Bezug auf die Kompetenz (Fach- und ► Sozialkompetenz), die Integrität (verinnerlichte Normen und intrinsische Motivation) und das Wohlwollen (Interesse für das Wohlbefinden des anderen).
Identifikationsbasiertes Vertrauen	Auf der Stufe der Identifikation steht der Partner mit seinen Anliegen, Bedürfnissen, Werten und Zielen, deren Verwirklichung zur eigenen Sache gemacht wird, im Zentrum. Die Erwartungen aneinander sind bekannt, auch, welche Regelverletzung welche Konsequenzen zur Folge hat. Die Partner kennen sich gegenseitig so gut, dass sie an Stelle des anderen handeln könnten. Die Beziehung beruht auf gegenseitiger Sympathie, ist für beide wichtig und wird verantwortungsvoll gepflegt.

Quelle: in Anlehnung an Osterloh/Weibel 2006, 49–70

Beim situationsbedingten Austausch geht es nicht um Vertrauen im eigentlichen Sinn, sondern eher um einen Zweckoptimismus. Ein bewährtes Vorgehen, um sich auf dieser Stufe vor Übervorteilung zu schützen, ist die Wie-du-mir-so-ich-dir-Strategie («tit for tat»): Es wird mit Kooperation begonnen und, sobald der Partner die Situation ausnützt, sofort gleichgezogen und erst, wenn sich der Partner erneut kooperativ zeigt, wieder kooperiert.

Beim eigenschaftsbasierten Vertrauen ist zu beachten, dass Erwartungen aneinander gelegentlich thematisiert werden, damit sie nicht unrealistisch sind.

Literatur und Links

Laufer, H. (2007): Vertrauen und Führung.

Luhmann, N. (2000): Vertrauen. Ein Mechanismus der Reduktion sozialer Komplexität.

Vier-Ohren-Modell

Begriff ____ Mit dem Vier-Ohren-Modell erklärt Schulz von Thun (2010/1), wie es zu ▶ Missverständnissen in der Kommunikation kommen kann. Wenn der Empfänger die vom Sender verschlüsselte Nachricht nicht im Sinne des Senders entschlüsseln kann, liegt es daran, dass eine Nachricht nicht nur *eine* Botschaft (zum Beispiel die sachliche Information) enthält, sondern auch verschiedenartige andere Botschaften mitgeliefert werden, die nicht direkt ausgesprochen sind. Diese Vielfalt von Botschaften unterteilt Schulz von Thun in vier Kategorien und unterscheidet gesendete von empfangenen Nachrichten:

Vier-Ohren-Modell

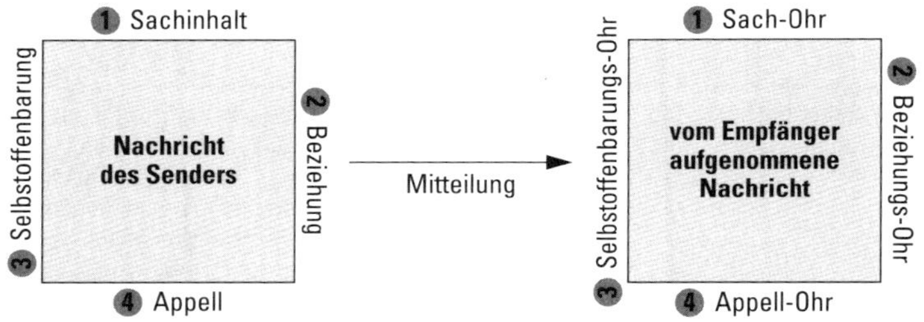

Jede *gesendete Nachricht* beinhaltet vier verschiedene Aspekte:

1. Sach-Seite = der Inhalt, die Sache,
2. Du-Seite = Annahmen über den Empfänger und die Beziehung zu ihm (Beziehung),
3. Ich-Seite = Mitteilungen über den Sender (Selbstoffenbarung),
4. Appell-Seite = Aufforderung an den Empfänger, etwas zu tun.

Der *Empfänger* hat für die jede dieser vier Seiten der Nachricht ein Empfangsohr:

1. Das Sach-Ohr versucht den Sachinhalt zu verstehen.
2. Das Beziehungs-Ohr nimmt wahr, wie der Sender zum Empfänger steht und was er von ihm hält.
3. Das Selbstoffenbarungs-Ohr erkennt, was für ein Mensch der Sender ist und wie es ihm im Moment geht.
4. Das Appell-Ohr reagiert darauf, zu welchen Handlungen ihn der Sender veranlassen will.

In dem bekannten Beispiel von Schulz von Thun sitzt ein Ehepaar im Auto, sie fährt und die Ampel ist grün. Er sagt: «Du, da vorne ist grün.» Ihre Antwort kann unterschiedlich ausfallen (Schulz von Thun, 2010/1, 31):

Empfang und Reaktion auf eine Aussage

Empfangs-Ohr	**Reaktion**
Sach-Ohr: «Die Ampel ist grün.»	«Ja, hier ist grüne Welle. Das ist ganz angenehm.»
Beziehungs-Ohr: «Du brauchst meine Hilfe.»	«Fährst du oder fahre ich?»
Selbstoffenbarungs-Ohr: «Ich habe es eilig.»	«Du hast es eilig?»
Appell-Ohr: «Gib Gas!»	Gas geben.

Quelle: Schulz von Thun 2010/1, 31

Praxistipps

Das Vier-Ohren-Modell ist ein Instrument zur Reflexion über Intention und Wirkung von Aussagen. Die vier Aspekte der Nachricht sind einleuchtend und nachvollziehbar. Es ist allerdings nicht so einfach, einer konkreten Aussage die entsprechende Ebene richtig zuzuordnen. Meist ist den Betroffenen auch nicht bewusst, auf welcher Ebene sie senden bzw. empfangen. Das Modell bietet einen Deutungshintergrund für ein klärendes Gespräch über Entstehung und Vermeidung von ▶ Missverständnissen.

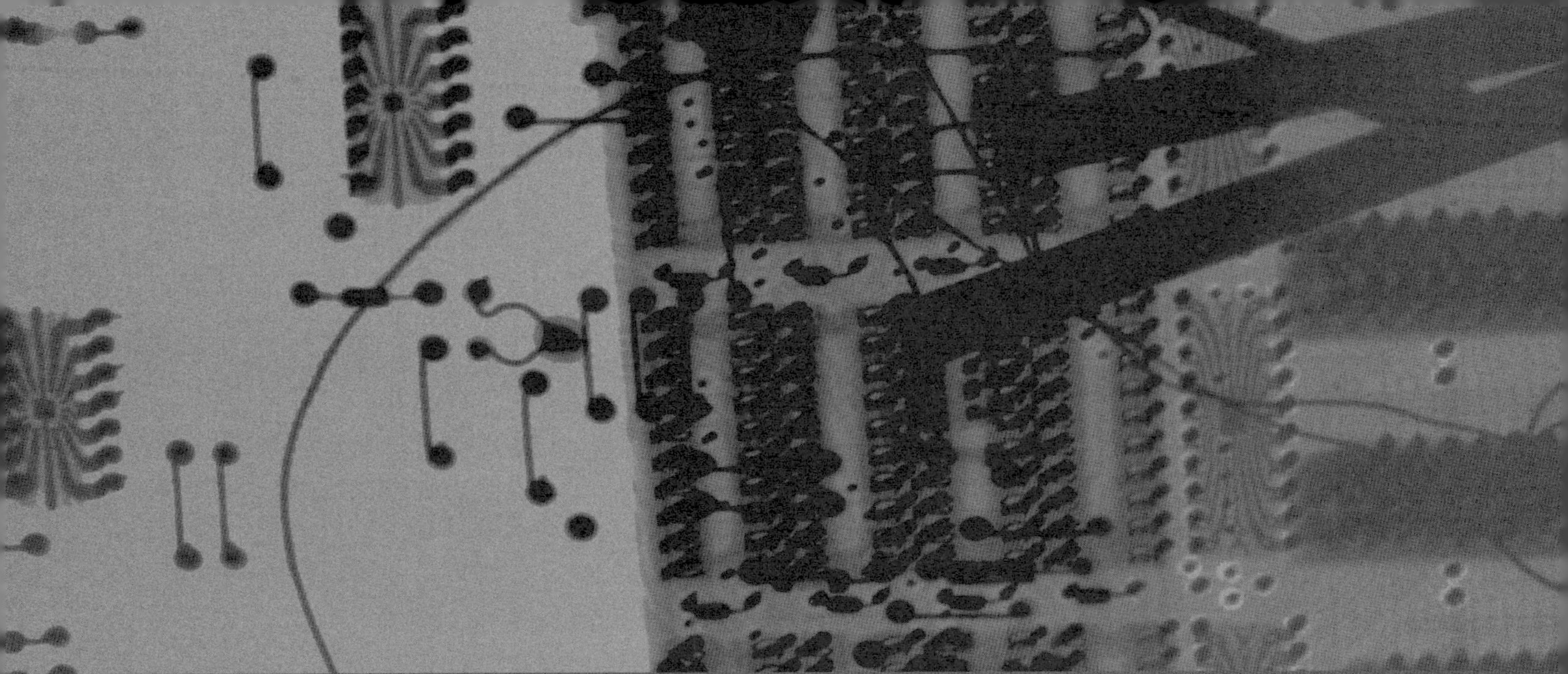

Kommunikation: Beispiele

Georges und sein Team

Georges B. hat ein gutes Team, mit dessen Leistung er im Großen und Ganzen zufrieden ist. Was er auch besonders schätzt, ist das gute Arbeitsklima und der heitere Umgangston. Allerdings hat das Team in letzter Zeit schlechte Sitten einreißen lassen, die ihn zu ärgern beginnen. Das betrifft vor allem die Kaffeepausen, die ein zunehmend unbestimmtes Ende nehmen. Es ist ja nicht so, dass er seinen Unterstellten keine Erholung gönnt. Aber wenn im Betrieb über seine Kaffee-Abteilung gewitzelt wird, findet er das nicht mehr lustig. Nein, es ärgert ihn sogar sehr. Wiederholt hat er einzelne Mitarbeitende in scherzender Art darauf angesprochen: Wie viele Tassen Kaffee der Motor wohl brauche, bis er anspringe, oder ob sie die zweite und dritte Kaffeepause zusammengelegt hätten. Manchmal nahm er sich auch die ganze Runde vor und sagte deutlich: «Man hat den Eindruck, dass ihr nur zum Vergnügen da seid.» Seine Mitarbeitenden lachten darüber, verstanden wohl die Anspielung und machten sich an die Arbeit. Aber grundsätzlich geändert hat sich nichts.

Was meinen Sie?

1. Warum kann sich Georges B. nicht durchsetzen? (▶ Ich-Aussagen, ▶ Inneres Team)
2. Wenn Georges mit den aktuellen Umgangsformen seines Teams nicht zufrieden ist, müsste er die Interpretation seiner Vorgesetztenrolle verändern. Welche Interpretation eignet sich Ihrer Meinung nach? Wie müsste er bei der Neuinterpretation seiner Rolle vorgehen? (▶ Rollentheorien, ▷ Abschnitt 3.2)
3. Worauf müsste Georges bei einer Neuinterpretation seiner Vorgesetztenrolle achten, um nicht das ▶ Vertrauen seiner Mitarbeitenden zu verlieren? (▶ Veränderungsmodell, ▶ Veränderungsprozess)
4. Gesetzt den Fall, dass Georges von einem Teammitglied ein ehrliches ▶ Feedback zu seinen Führungsqualitäten einfordert und erhält: Was würde er an seinem Verhalten ändern, wenn er sich auf einen Single-Loop- bzw. Double-Loop-Lernprozess einlässt? (▶ Rückkopplung)

Die Schlange

Es ist Samstagnachmittag. Nicht irgendeiner, sondern der Samstag vor Pfingsten. Björn geht einkaufen. Er hat sich das gut überlegt: Am Morgen besorgen alle biederen Hausfrauen ihre Lebensmittel, und am Nachmittag kommt er und kann in Ruhe seine paar Sachen holen. Er braucht ja nicht viel, nur das Nötigste, um die Feiertage zu überleben. Schon als er den Laden betritt, ahnt er, dass seine Rechnung wohl nicht aufgehen wird. Ein Blick zu den Kassen zeigt, dass er sich beeilen muss. Er schlängelt sich geschickt um die Leute und ihre Wagen herum und rafft seine Sachen aus den Regalen zusammen. Als er sich zur Kasse wendet, ist es schon passiert: Die Schlangen haben sich verdreifacht und reichen fast bis zum Gemüse. Er ordnet sich in die relativ kürzeste ein, rechnet mit einer halben Stunde und schaltet auf Geduld. Das ist der Preis der Freiheit, denkt er bei sich. Eigentlich wäre er jetzt Richtung Familienfest unterwegs, aber er fühlte sich veranlasst, ein klares Zeichen vor allem gegenüber seinem Vater zu setzen und hatte seine Teilnahme kurzerhand abgesagt. Vor ihm ein älterer Herr, der wohl die gesamte Großfamilie erwartet. Schon fast am Ziel, hat vor ihnen eine junge Mutter vergessen, die Bananen zu wiegen. Sie kämpft sich mit Kind nach hinten durch. Inzwischen packt der Herr seine Waren aufs Band. Björn fängt an zu kalkulieren: pro Stück eine Sekunde oder eine halbe? Die Mutter und ihr quengelndes Kind kehren zurück. Der bislang geduldige Herr kann sich eine Bemerkung nicht verkneifen. Die Mutter keift zurück. Björn regt sich auch auf. Vor allem will er endlich raus aus dem Laden. Nun kommt der Herr vor ihm dran. Umständlich holt er das Geld aus dem Portemonnaie. Die Frau an der Kasse hilft ihm, so gut es geht. Sie hat strähnige Haare und den glasigen Blick der Erschöpften. Als das Kleingeld doch nicht reicht, rastet Björn aus. «Haben Sie noch nie etwas von Kreditkarte gehört?», äußert er sich abschätzig. Der Rentner dreht sich abrupt um und faucht ihn an: «Was fällt Ihnen ein, so mit mir zu reden, Sie Rüpel!» Björn kennt sich auch nicht mehr. «Ich rede gar nicht mit Ihnen. Ich stelle nur fest, dass ausgerechnet die Rentner immer zu den Stoßzeiten einkaufen gehen und hier alles aufhalten.» Der Herr funkelt ihn mit bösen Augen an und tritt ihm mit voller Wucht auf den Fuß. Björn schreit auf. Er kann sich gerade noch zurückhalten, den Rentner nicht zu vermöbeln. Indessen hat sich die Meute hinter ihnen eine Meinung gebildet, die sie mit lautem Schimpfen kundtut.

Es wird Partei ergriffen, die Meinungen prallen aufeinander. Die Situation fängt an zu eskalieren. Hektisch ruft die Verkäuferin nach dem Filialleiter. Björn will zahlen, doch sein Portemonnaie ist nicht dort, wo es sein sollte. Der Filialleiter kommt, spricht kurz mit den Umstehenden und regelt die Angelegenheit an der Kasse. Dann bittet er Björn in sein Büro, um mit ihm die Zahlungsmodalitäten zu besprechen.

Was meinen Sie?

1. Welche intervenierenden Variablen (▶ S-O-R-Modell) sind bei Björn erkennbar?
2. Wie kann die emotionale Befindlichkeit von Björn erklärt werden? (▶ Emotionen)
3. Wie führt der Filialleiter das Gespräch mit Björn, wenn er ihn als Kunden behalten will? (▶ Emotionen, ▶ Perspektivenwechsel, ▶ Sozialkompetenz, ▶ Selbstwertgefühl)

Das Meeting

«Es geht um ein Meeting oberster Priorität im engsten Kreis», war die Botschaft, die Darius Dieckmann (51), der CEO eines im Bereich Feintextilien international tätigen Konzerns, an seine Länderchefs sandte. Man wolle das Produktportfolio neu ausrichten. Zur Erklärung legte er ein Paper seiner Marketingchefin Nadine Neuhaus mit dem Titel «Hilfe – unsere Zielgruppe stirbt aus» bei. Grund für die Eile war ein renommierter Marketingexperte, Dr. Felix Findus, den Dieckmann auf einem wichtigen Kongress kennengelernt hatte. Dr. Findus hatte ein Mandat erhalten, die Firma in Bezug auf ihre Marketingaktivitäten zu durchleuchten, und prompt hat er auch einige gravierende Mängel festgestellt. Nun soll schnell gehandelt werden.

Eingeladen sind die Mitglieder der erweiterten Geschäftsleitung:

1. Gian Gomera (54), Leiter der Ländergruppe Europa,
2. Harald Hunter (46), Leiter Nordamerika,
3. Kai Kasai (48), Leiter der Ländergruppe Asien,
4. Umberto Ugli (59), Leiter Finance International,
5. Nadine Neuhaus (43), Leiterin Marketing,
6. Cyrill Cavelti (37), Leiter Kommunikation und Public Relations (nicht Mitglied der erweiterten Geschäftsleitung),
7. Simon Sager (31), Assistent von Darius Dieckmann (nicht Mitglied der erweiterten Geschäftsleitung), führt das Protokoll, und natürlich
8. Dr. Felix Findus (50), der die Notwendigkeit der Neuorientierung erklären und praktikable Lösungen präsentieren soll.

Das Meeting wird auf den 25. Februar, 14.00–17.00 Uhr, fixiert. Für Dr. Felix Findus war kein anderer Termin möglich. Der Nachmittag wurde gewählt, damit auch Harald Hunter, der am Morgen aus den USA zurückkommt, dabei sein kann.

Mit Ausnahme von Harald Hunter, dessen Flugzeug Verspätung hat, sind alle pünktlich um 14.00 Uhr im Konferenzraum. Alle haben ihre Aktenkoffer dabei und wählen ihren Sitzplatz. Gian Gomera setzt sich neben Umberto Ugli, der rechts neben Darius Dieckmann Platz genommen hat. Links neben Darius Dieckmann sitzt Simon Sager, sein Assistent, der schon seine Unterlagen parat hat. Neben ihm hat Nadine Neuhaus ihren Aktenkoffer auf dem Tisch aufgeschlagen und unterhält sich lebhaft mit Cyrill Cavelti. Kai Kasai hat gegenüber von Darius Dieckmann neben Dr. Findus seinen Platz gefunden. Auch er hat die notwendigen Unterlagen bereits fein säuberlich vor sich hingelegt und sein Köfferchen geschlossen.

Darius Dieckmann eröffnet die Sitzung, begrüßt explizit Herrn Dr. Findus und erklärt die Wichtigkeit dieses Meetings für die Zukunft des Unternehmens (10 Minuten). Dann übergibt er Nadine Neuhaus das Wort, damit sie ihre Ideen erläutern kann (15 Minuten). Nadine Neuhaus packt mit sicherer Hand ihren Laptop und begibt sich nach vorne. Sie ist gerade bei den letzten Sätzen, als Harald Hunter abgekämpft in den Raum kommt. Er lässt sie ausreden und erläutert dann umständlich, wie es zu dieser großen Verspätung gekommen sei (5 Minuten). Als die Gelegenheit zu Fragen gegeben wird, meldet sich sofort Umberto Ugli zu Wort.

Ugli: *Lässt seinen Blick in die Runde schweifen.* Also ich möchte als Erstes bemerken, dass der Titel dieses Papers von Nadine reichlich deplatziert ist. Das erweckt den Eindruck, wir seien in einer Krise, und das ist absolut nicht der Fall.

Neuhaus: *Reagiert ungehalten.* Umberto, ich habe diesen Titel gewählt, damit alle das Paper lesen. In unserer Mailflut geht doch alles unter, was nicht pointiert formuliert ist. *Sie geht an ihren Platz und presst die Lippen zusammen.*

Gomera: *Wendet sich zu Umberto Ugli.* Lass mal, Umberto, etwas Spaß sollten wir schon verstehen.

Hunter: *Ist immer noch nicht damit fertig, seine Unterlagen zu ordnen.* Ist das jetzt wichtig, dass wir uns über den Titel des Papers unterhalten? Ich finde den Inhalt wesentlicher.

Neuhaus: *Sieht Harald Hunter erleichtert an.* Genau. Wir haben nicht sehr viel Zeit heute.

Kasai: *Richtet sich auf und blickt zu Darius Dieckmann.* Ich verstehe nicht genau, wo das Problem ist. Die Strumpfhosen sind sehr gefragt auf dem asiatischen Markt. Mit den Regenmänteln hatten wir noch nie großen Erfolg.

Neuhaus: *Reagiert sofort und führt ihre Stimme präzise am Satzende nach unten.* Die sind ja gerade das Problem. Regenmäntel passen einfach nicht in unser Sortiment.

Gomera: Und die Strumpfhosen sind nicht mehr up to date. Das stimmt schon, was du sagst, Nadine, dass unsere Zielgruppe langsam ausstirbt. *Er nickt zustimmend.*

Hunter: *Wühlt immer noch in seinen Papieren.* Ich habe doch die Designer bereits vorgeschlagen und das letzte Mal waren wir uns einig.

Es entsteht eine lebhafte Diskussion, was nun eigentlich gilt und was sinnvoll wäre zu machen (20 Minuten).

Dieckmann: *Rückt seinen Stuhl gerade.* Jetzt geht es darum, dass wir das Ganze nochmals aufrollen und uns grundsätzlich überlegen, wo wir hinwollen. Herr Dr. Findus ist ja zu diesem Zweck da. *Er sieht Dr. Findus an und lächelt vornehm.*

Gomera: *Hat eine kräftige Stimme, die er jetzt auch bewusst einsetzt.* Wenn wir hier schon grundsätzlich debattieren, dann sollte wenigstens einer von der Produktion dabei sein. Woher wollen wir wissen, dass das, was wir hier entscheiden, überhaupt machbar ist? *Nach einem kurzen Blick zu Dr. Findus sieht er Darius Dieckmann und Nadine Neuhaus an.*

Kasai: *Meldet sich mit einer kleinen Handbewegung zu Wort.* Und ich finde, wir brauchen auch Herrn Salzmann vom Personal dabei.

Dieckmann: Der ist nicht Mitglied der erweiterten Geschäftsleitung. *Er blickt Kai Kasai streng an.*

Hunter: *Büschelt seine Unterlagen.* Das ist Herr Cavelti auch nicht.

Die sinnvolle Zusammensetzung des Gremiums wird kontrovers diskutiert (20 Minuten).

Sager: *Verschafft sich nach drei zaghaften Versuchen Gehör.* Es ist jetzt 15.30 Uhr. Draußen steht Kaffee für uns bereit. *Macht eine einladende Geste zum Vorraum.*

Dieckmann: *Erleichtert.* Wir machen eine Viertelstunde Pause.

In der Pause nutzen alle die Gelegenheit, um dringende Telefonate zu tätigen. Um 16.05 Uhr geht die Sitzung weiter.

Dieckmann: *In jovialem Ton.* So, meine Herren, ich glaube, wir haben uns jetzt genügend mit der Problematik angefreundet. Schreiten wir nun in medias res.

Cavelti: *Blickt zu Darius Dieckmann.* Aus praktischen Gründen schlage ich vor, dass wir erst einmal die Termine für die nächsten Meetings festlegen.

Dieckmann: Ja, das ist sinnvoll. Diese Arbeit hat hohe Priorität. *Er spannt seine Brustmuskeln an.* Meine Herren, ich bitte Sie, das zu berücksichtigen. Ich denke dabei an einen Zweimonatsrhythmus, damit wir noch in diesem Jahr zu einem Ergebnis kommen. Wie sieht es für Sie aus, Herr Dr. Findus?

Findus: *Zückt sein iPhone.* Im April bin ich ausgebucht. Für mich geht erst wieder Anfang Mai.

Kasai: *Aufgeregt.* Da haben wir die große Messe in Singapur. Das wäre ungünstig.

Neuhaus: *Mit nüchterner Stimme.* Mitte Mai?

Gomera: Geht.

Ugli: *Verschränkt die Arme vor der Brust.* Ich bin dann in den Ferien.

Dieckmann: Und anschließend bin ich abwesend. Dann also Juni.

Nadine Neuhaus steht entschlossen auf, greift sich einen Stift und übernimmt es, die Termine am Flipchart zu notieren. Schließlich können sich alle auf den 13. Juni einigen (35 Minuten). Die nächsten beiden Termine gehen etwas schneller (20 Minuten).

Dieckmann: So, da ist jetzt alles unter Dach und Fach. Ich bitte Sie, das nächste Meeting etwas besser vorzubereiten. *Er sieht alle der Reihe nach an.*

Sager: Darf ich noch schnell etwas fragen, bevor Sie abschließen? Welche Entscheidungen sind jetzt definitiv, damit ich sie ins Protokoll aufnehmen kann? Bisher habe ich nur die Termine. *Sein Gesicht bekommt einen sorgenvollen Ausdruck.*

Dieckmann: Das besprechen wir nachher.

Darius Dieckmann schließt das Meeting um 17.10 Uhr mit einem herzlichen Dank an Dr. Felix Findus für seine wertvolle Unterstützung.

Was meinen Sie?

1. Das einzig greifbare Ergebnis des von CEO Darius Dieckmann geleiteten Meetings ist der Termin für das nächste Meeting. Wie lässt sich die Ineffizienz des Meetings mit dem ▶ Situationsmodell erklären?
2. Die Mitglieder und Nichtmitglieder der erweiterten Geschäftsleitung beteiligen sich lebhaft an der Diskussion um die Neuausrichtung des Produktportfolios. Neben ihren verbalen Äußerungen setzen sie auch nonverbale ▶ Signale ein. Wie sieht die Choreografie der nonverbalen Sprache aus, wenn sie unabhängig vom gesprochenen Wort betrachtet wird?
3. Welche ▶ Oberhandtechniken werden von einzelnen Teilnehmenden eingesetzt und wie wirken sie?
4. Wie lässt sich die Gesprächskultur in diesem Unternehmen charakterisieren? (▶ Kultur)

Der Wow-Effekt

Anselm ist seiner großen Liebe begegnet, einer Frau, die ihm den Atem raubt. Zart ist die Beziehung noch, aber sie hat eingewilligt, dass er ihr die Stadt zeigen darf, in der er aufgewachsen ist. Sorgfältig hat er die Route geplant und keine Sehenswürdigkeit ausgelassen. Gegen Abend sind die beiden erschöpft und ausgehungert, da sie vor lauter Aufregendem das Essen vergessen haben.

An diesem lauen Sommerabend sind Anselm und Annabelle – so heißt die Verehrte – jedoch nicht die einzigen, die sich in der Stadt vergnügen wollen. Im einzigen Restaurant in der Nähe ist kein Stuhl mehr frei, die Leute sitzen sogar auf dem Steinmäuerchen rund um die Terrasse. Anselm weiß, dass sie es bis zum nächstgelegenen Restaurant nicht mehr schaffen, und so sieht er auch den Kellner an, der sie trotz seiner vielen Arbeit herzlich willkommen heißt. «Sie haben Hunger?», fragt er freundlich. «Ja, sieht man das?», antwortet Anselm ungläubig. «Ich habe es vermutet, und da sind Sie bei uns genau richtig. Was halten Sie davon, wenn Sie hier am Stehtisch eine Vorspeise zu sich nehmen? Ich organisiere Ihnen zwei Barhocker.» Damit führt sie der Kellner zu einem winzigen Tischchen, auf dem das Reservationsbuch liegt, das er schnell zur Seite räumt. Annabelle lächelt ihn dankbar an. Nach wenigen Minuten kommt er mit einem Antipastiteller, einem großen Brotkorb und zwei Gläsern Prosecco: «Sie finden sicherlich einen Grund zum Anstoßen. Eine kleine Aufmerksamkeit des Hauses, da wir im Moment noch keinen Tisch frei haben.» Er lächelt sie an, und winkt dann einer Frau mit zwei Barhockern in der Hand. «So, da sind auch die Sitzgelegenheiten. Guten Appetit!» Anselm und Annabelle klettern auf die Barhocker, lassen erleichtert die Beine baumeln und machen sich über die Vorspeise her.

Ihr Kellner, den sie Geronimo rufen, lässt ihnen Zeit, wieder zu Kräften zu kommen. Als sie die letzten Bissen genüsslich zu sich nehmen, noch einmal mit dem Prosecco anstoßen und sich tief in die Augen blicken, ist Geronimo schon wieder bei ihnen. «Ich habe eine Idee, wie ich für Sie ein lauschiges Plätzchen schaffen kann. Es ist aber ganz klein und naturnah. Mir scheint, die Nähe ist Ihnen nicht unangenehm. Möchten Sie das versuchen?», fragt er sie augenzwinkernd. Neugierig geworden, willigen die beiden ein und lassen sich von Geronimo auf die Terrasse führen. Dort hat er für sie den Bambus so zur Seite gerückt, dass noch eine Holzplatte auf Bierharassen und zwei Hocker Platz haben. Annabelle drückt sich in den Bambus und sieht dabei reizend aus. Geronimo deckt eine Tischdecke und das Besteck auf. Er hat schon die nächste Idee: «Darf ich Ihnen einen Vorschlag machen? Ich bringe Ihnen einen großen Topf Suppe, die Sie in Ruhe essen können. Alles andere braucht – so wie ich das überblicke – im Moment etwas länger in der Küche. Dazu Weißwein und eine große Flasche Wasser.» Die beiden strahlen ihn an.

Auch Anselm arrangiert sich mit dem Bambus und beide genießen sichtlich ihr raschelndes Séparée. Die Suppe tut ihnen gut, der Weißwein ist erfrischend und belebend. Geronimo kümmert sich mit der gleichen zuvorkommenden Art um die anderen Gäste. Von Weitem schenkt er ihnen hin und wieder ein Lächeln, das sie mit einem freundlichen Nicken erwidern, um ihm anzuzeigen, dass alles in Ordnung ist. Als die Gäste zu später Stunde weniger werden, bestellen Anselm und Annabelle noch eine große Schale voller Eiskugeln, mit Früchten und viel Schlagsahne. Als Geronimo ihnen die Rechnung bringt, ist Anselm des Lobes voll: «Sie sind ein genialer Kellner und haben uns alle Wünsche erfüllt. Wir kommen wieder. Das war wow!» Er gibt ihm ein sehr großzügiges Trinkgeld. Die beiden verabschieden sich herzlich und gehen Arm in Arm in die sternenklare Nacht hinaus.

Was meinen Sie?

1. Welche konkreten Bedürfnisse haben Anselm und Annabelle, als sie das Restaurant betreten? (▶ Perspektivenwechsel)
2. Wie lässt sich ihre emotionale Disposition beschreiben? (▶ Emotionen)
3. Wie heißt das Erfolgsrezept von Geronimo? (▶ Sozialkompetenz)
4. Welche sprachlichen Mittel setzt Geronimo ein? (▷ Abschnitt 5.1)
5. Inwieweit entsprechen die Abläufe in dieser Geschichte Ihrem persönlichen Skript «Restaurantbesuch» und in welchen Bereichen orten Sie Differenzen? (▶ Frame- und Skript-Theorie)
6. Welche Schlussfolgerungen ziehen Sie aus dieser Geschichte, um in Ihren Berufsalltag ein wenig «wow» hineinzubringen?

Soziale Netzwerke

Internet-Plattformen wie Facebook, Xing oder Twitter, in denen die Benutzer miteinander kommunizieren können, haben sich in kurzer Zeit etabliert und werden inzwischen selbstverständlich von einer breiten Öffentlichkeit genutzt. Aktuell verfügen über 2 Millionen Menschen in der Schweiz über ein aktives Facebook-Konto. Weltweit sind etwa 350 Millionen Menschen über Facebook vernetzt. In diesen internetgestützten sozialen Netzwerken werden sowohl persönliche wie auch geschäftliche Kontakte aufgebaut und gepflegt.

Für Unternehmen stellen die sozialen Netzwerke (Social Media) eine Herausforderung dar. Einerseits gilt es, deren Chancen zu erkennen, andererseits kommunizieren Mitarbeitende als Privatperson, gleichzeitig aber auch als Vertreter ihres Unternehmens vorbehaltlos mit einem unbekannten Publikum. Ein Beispiel, wie die Firma SAP diese Herausforderung annimmt:

«Social Media sind für den Software-Giganten SAP sowohl aus der internen wie auch aus der externen Kommunikation nicht mehr wegzudenken. Sie zu benützen ist nicht nur erlaubt, sondern schon fast ein ‹Must›. Für die Erarbeitung von Richtlinien im Umgang mit den neuen Medien involvierte der Konzern daher nicht nur einzelne Abteilungen, sondern die gesamte Belegschaft. In einem internen Wiki arbeiteten sie zusammen an dem Dokument, bis ein Konsens erreicht war. ‹Das war für uns der einzig richtige Weg, weil wir so von den unzähligen Erfahrungen, die unsere Mitarbeitenden im Umgang mit sozialen Netzwerken bereits gemacht hatten, profitieren konnten›, begründet Michael Prosceno, bei SAP global verantwortlich für Social Media Relations, das Vorgehen. ‹Zudem repräsentiert der soziale Weg der Zusammenarbeit unsere Firmenkultur.› Der Grundtenor der Policy lautet: Sei ehrlich und respektvoll, schreibe unter eigenem Namen, Qualität statt Quantität, trenne Meinungen von Fakten und breche keinen Streit vom Zaun. Und ganz wichtig: ‹Unsere Guidelines verstehen sich nicht als Gesetze, sondern sollen die Mitarbeitenden dazu motivieren, die neuen Tools vielfältig einzusetzen.›» (Escher, 2010, 9)

Was meinen Sie?

1. Welche Gemeinsamkeiten und Unterschiede hat diese ▶ Kommunikationsform mit der mündlichen direkten Kommunikation?
2. Mitarbeitende treten in zwei verschiedenen Rollen – als Privatperson und als Unternehmensvertreter – im Internet auf. Welche Erwartungen werden an die jeweilige Rolle geknüpft? (▶ Rollentheorien)
3. Nehmen Sie kritisch Stellung zu den Guidelines der Firma SAP und ergänzen Sie sie gegebenenfalls. (▶ Missverständnisse)
4. Welche Chancen und Risiken sehen Sie in Bezug auf die interkulturelle ▶ Verständigung? (▷ Abschnitt 3.4)

Selbstreflexion

In einem Interview formuliert Karl E. Weick seine Ansicht zu rationalen Entscheidungen wie folgt:

«Rationalität ist aus meiner Sicht wichtig für die nachträgliche Rechtfertigung. Mich interessiert Rationalität in dem Sinne, dass sie Gründe liefert, die man den Handlungen unterstellen kann, sodass sie für andere nachvollziehbar, verständlich, sinnvoll und akzeptabel werden. Insofern liefert Rationalität keine wirkliche Handlungsanleitung, sie ist vielmehr eine Rhetorik, die man verwendet, um sich und sein Handeln auf eine bestimmte, für andere leicht verständliche Weise zu präsentieren, obwohl man bei den kleinsten Umweltveränderungen und Problemverschiebungen eigentlich willkürlich, zufallsabhängig, launisch, opportunistisch oder wie auch immer agiert.» (Weick 2001, zitiert nach Wüthrich et al. 2006, 97)

Was meinen Sie?

1. Nehmen Sie diese Ausführungen zum Anlass, um darüber nachzudenken, wie Sie Wahrnehmungen aufnehmen, verarbeiten und Entscheidungen fällen. Wie erklären Sie anderen Menschen Ihre Entscheidungen? (▷ Abschnitt 2.1, ▶ Kognitive Dissonanz, ▶ Attributionen)
2. Ist das nachträgliche Rationalisieren «irrationaler» Entscheide Ihrer Ansicht nach ein ▶ Perspektivenwechsel zugunsten der Menschen, denen Sie sich verständlich machen wollen?
3. Welche Alternativen sehen Sie für sich, um darüber zu sprechen, was wirklich in Ihnen vorgeht? (▶ Gefühle, ▶ Inneres Team)

Literatur

Allhoff, D.-W. (Hrsg.) (2001): Schlüsselkompetenz Mündliche Kommunikation. München/Basel.

Argyle, M. (2005): Körpersprache & Kommunikation. 9. Auflage, Paderborn.

Argyris, C./Schön, D.A. (2006): Die lernende Organisation. Grundlagen, Methode, Praxis. 3. Auflage, Stuttgart.

Backhausen, W.J./Thommen, J.-P. (2007): Irrgarten des Managements. Ein Systemischer Reisebegleiter zu einem Management 2. Ordnung. Zürich.

Bartsch, E. (2001): Was heißt eigentlich «Kommunikation»? Vorschläge zur differenzierteren Verwendung dieses Begriffs in der Sprechwissenschaft und Sprecherziehung. In: Allhoff, D.-W. (Hrsg) (2001): Schlüsselkompetenz Mündliche Kommunikation. München/Basel, S. 31–48.

Berne, E. (2007): Spiele der Erwachsenen. Psychologie der menschlichen Beziehungen. 8. Auflage, Reinbek.

Birkenbihl, V.F. (2009): Signale des Körpers. Körpersprache verstehen. 20. Auflage, Landsberg/Lech.

Birkenbihl, V.F. (2010): Kommunikationstraining. Zwischenmenschliche Beziehungen erfolgreich gestalten. Landsberg/Lech.

Böckli, P. (2005): Vertrauen an der Unternehmensspitze. Mit Kontrollen alleine kommen Verwaltungsräte nirgendwo hin. In: Neue Zürcher Zeitung, Nr. 199, 27./28. August 2005, S. 31.

Bolten, J. (2007): Einführung in die interkulturelle Wirtschaftskommunikation. Göttingen.

Bosshardt, C. (2001): Homo Confidens. Eine Untersuchung des Vertrauensphänomens aus soziologischer und ökonomischer Perspektive. Bern.

Bruhn, M. (2009): Kommunikationspolitik. Systematischer Einsatz der Kommunikation für Unternehmen. 5. Auflage, München.

Crisand, E. (2002): Soziale Kompetenz als persönlicher Erfolgsfaktor. Heidelberg.

Dahrendorf, R. (2006): Homo Sociologicus. Ein Versuch zur Geschichte, Bedeutung und Kritik der Kategorie der sozialen Rolle. 16. Auflage, Opladen.

Dathe, M. (2007): Wirtschaftskommunikation. In: Straub, J./Weidemann, A./ Weidemann, D. (Hrsg.) (2007): Handbuch interkulturelle Kommunikation und Kompetenz. Stuttgart/Weimar.

Donnert, R. (2003): Soziale Kompetenz. Der Praxisratgeber für ein kooperatives Arbeitsklima. Würzburg.

Erll, A./Gymnich, M. (2007): Interkulturelle Kompetenzen. Erfolgreich kommunizieren zwischen den Kulturen. Stuttgart.

Escher Clauss, S. (2010): Social Networks. Ohne Knigge stehen Unternehmen auf verlorenem Posten. In: HR Today. Das Schweizer Human Resource Management Journal. Mai 2010, S. 5–9.

Faix, W.G./Laier, A. (1996): Soziale Kompetenz. Wettbewerbsfaktor der Zukunft. 2. Auflage, Wiesbaden.

Feng, Z.X. (2009): China: gläserne Decke und wenig Zeit. Interview mit Zheng Xiao Feng. In: Voigt, C. (Hrsg.) (2009): Interkulturell führen. Diversity 2.0 als Wettbewerbsvorteil. Zürich/Offenbach, S. 96–100.

Festinger, L. (1995): Theorie der kognitiven Dissonanz. Hrsg. von M. Irle und V. Möntmann. Bern/Stuttgart/Wien.

Fournier, G./Evans, D. (2007): Carlos Ghosn. A Study of Diversity Management in the Framework of Strategic Alliance. Reims Management School, 2007, Reference no 307-234-1.

Galliker, M./Weimer, D. (2006): Psychologie der Verständigung. Eine Einführung in die kommunikative Praxis. Stuttgart.

Gehm, T. (2006): Kommunikation im Beruf. Hintergründe, Hilfen, Strategien. 4. Auflage, Weinheim/Basel.

Goffman, E. (2010): Wir alle spielen Theater. Die Selbstdarstellung im Alltag. 7. Auflage, München.

Grice, P.H. (1993): Logik und Konversation. In: Meggle, G. (Hrsg.) (1993): Handlung, Kommunikation, Bedeutung. Frankfurt a.M., S. 243–265.

Haddock, G./Maio, G.R. (2007): Einstellungen: Inhalt, Struktur und Funktionen. In: Jonas, K./Stroebe, W./Hewstone, M. (Hrsg.) (2007): Sozialpsychologie. Eine Einführung. 5. Auflage, Heidelberg, S. 187–223.

Harris, T.A. (2009): Ich bin o.k. Du bist o.k. Wie wir uns selbst besser verstehen und unsere Einstellung verändern können. Eine Einführung in die Transaktionsanalyse. 43. Auflage, Reinbek.

Hintermann, J. (2007): Information und Kommunikation. Zürich.

Hintermann, J. (2008a): Lust auf Kommunikation. Verstehen und verstanden werden in Beruf und Alltag. 2. Auflage, Zürich.

Hintermann, J. (2008b): Sprache der Macht – Strategien bei einem alltäglichen Phänomen. In: PSP Index. Porträts Schweizer Personaldienstleistungsunternehmen. 2008, S. 49–52.

Hintermann, J. (2008c): Lust auf Perspektivenwechsel – Ein Experiment zur Verhaltensänderung. In: Siems, F./Brandstätter, M./Gölzner, H. (Hrsg.) (2008): Anspruchsgruppenorientierte Kommunikation. Neue Ansätze zu Kunden-, Mitarbeiter- und Unternehmenskommunikation. Europäische Kulturen in der Wirtschaftskommunikation. Bd. 12, Wiesbaden.

Hintermann, J. (2009): Perspektivenwechsel in der interkulturellen Kommunikation. In: Voigt, C. (Hrsg.) (2009): Interkulturell führen. Diversity 2.0 als Wettbewerbsvorteil. Zürich/Offenbach, S. 39–52.

Hoffmann, W.K.H. (2003): Macht im Management. Ein Tabu wird protokolliert. Zürich.

Jonas, K./Stroebe, W./Hewstone, M. (Hrsg.) (2007): Sozialpsychologie. Eine Einführung. 5. Auflage, Heidelberg.

Kälin, K./Müri, P. (2005): Sich und andere führen. Psychologie für Führungskräfte, Mitarbeiterinnen und Mitarbeiter. 15. Auflage, Thun.

Kron, F.W. (2008) Grundwissen Didaktik. 5. Auflage, München.

Krug, J./Kuhl, U. (2006): Macht, Leistung, Freundschaft. Motive als Erfolgsfaktoren in Wirtschaft, Politik und Spitzensport. Stuttgart.

Kumbier, D./Schulz von Thun, F. (Hrsg.) (2006): Interkulturelle Kommunikation. Methoden – Modelle – Beispiele. 3. Auflage, Reinbek.

Laufer, H. (2007): Vertrauen und Führung. Vertrauen als Schlüssel zum Führungserfolg. Offenbach.

Lindemann, G./Heim, V. (2010): Erfolgsfaktor Menschlichkeit. Wertschätzend führen – wirksam kommunizieren. Ein Praxishandbuch. Paderborn.

Linke, A./Nussbaumer, M./Portmann, P.R. (2004): Studienbuch Linguistik. 5. Auflage, Tübingen.

Luhmann, N. (2000): Vertrauen. Ein Mechanismus der Reduktion sozialer Komplexität. 4. Auflage, Stuttgart.

Merten, J. (2003): Einführung in die Emotionspsychologie. Stuttgart.

Molcho, S. (2010): Körpersprache. 5. Auflage, München.

Moos, A. (Hrsg.) (2003): Black Box Swissair. 21 Stimmen zu Höhenflug und Absturz. Zürich.

Motschnig, R./Nykl, L. (2009): Konstruktive Kommunikation. Sich und andere verstehen durch personenzentrierte Interaktion. Stuttgart.

Osterloh, M./Weibel, A. (2006): Investition Vertrauen. Prozesse der Vertrauensentwicklung in Organisationen. Wiesbaden.

Park, R.E. (1950): Race and Culture. Glencoe. In: Goffman, E. (2009): Wir alle spielen Theater. Die Selbstdarstellung im Alltag. 7. Auflage, München, S. 21.

Parkinson, B. (2007): Soziale Wahrnehmung und Attribution. In: Jonas, K./ Stroebe, W./Hewstone, M. (Hrsg.) (2007): Sozialpsychologie. Eine Einführung. 5. Auflage, Heidelberg, S. 69–109.

Pfannenberg, J. (2009): Veränderungskommunikation. Den Change-Prozess wirkungsvoll unterstützen. Grundlagen, Projekte, Praxisbeispiele. 2. Auflage, Frankfurt a.M.

Rathje, S. (2006): Interkulturelle Kompetenz – Zustand und Zukunft eines umstrittenen Konzepts. In: Zeitschrift für interkulturellen Fremdsprachenunterricht (online). 11:3, 2006.

Rechenberg, P. (2006): Technisches Schreiben (nicht nur) für Informatiker. 3. Auflage, München/Wien.

Reimann, H. (1974): Kommunikations-Systeme. Umrisse einer Soziologie der Vermittlungs- und Mitteilungsprozesse. 2. Auflage, Tübingen.

Salerno, A./Brock, L. (2009): Change Cycle. Wie Sie berufliche und private Veränderungen meistern. Offenbach.

Satir, V. (2010a): Kommunikation – Selbstwert – Kongruenz. 8. Auflage, Paderborn.

Satir, V. (2010b): Mein Weg zu dir. Kontakt finden und Vertrauen gewinnen. München.

Scheiff, D. (2009): «Erst mit dem Gefühl der Sicherheit entsteht ein vertrauensvolles Arbeitsverhältnis.» Interview mit Dieter Scheiff, ehem. CEO der Adecco Group. In: Voigt, C. (Hrsg.) (2009): Interkulturell führen. Diversity 2.0 als Wettbewerbsvorteil. Zürich/Offenbach, S. 108–111.

Schein, E.H. (2003): Prozessberatung für die Organisation der Zukunft. Der Aufbau einer helfenden Beziehung. 2. Auflage, Köln.

Schein, E.H. (o.J.): Kurt Lewin's Change Theory in the Field and in the Classroom. Notes Toward a Model of Managed Learning.
www.a2zpsychology.com/articles/kurt_lewin's_change_theory.php
[14.7.2010]

Schmid, W. (2009): Wie viel Vertrauen brauchen wir? In: Psychologie heute. 36. Jg., Heft 6, Juni 2009, S. 20–24.

Schulz von Thun, F. (2004): Klarkommen mit sich selbst und anderen. Kommunikation und soziale Kompetenz, Reden, Aufsätze, Dialoge. Reinbek.

Schulz von Thun, F. (2009/2010): Miteinander reden. Bd. 1: Störungen und Klärungen. Allgemeine Psychologie der Kommunikation. 48. Auflage 2010. Bd. 2: Stile, Werte und Persönlichkeitsentwicklung. Differentielle Psychologie der Kommunikation. 30. Auflage, 2009. Bd. 3: Das «Innere Team» und situationsgerechte Kommunikation. Kommunikation – Person – Situation. 19. Auflage, 2010. Reinbek.

Schulz von Thun, F./Ruppel, J./Stratmann, R. (2008). Miteinander reden. Kommunikationspsychologie für Führungskräfte. 8. Auflage, Reinbek.

Seifert, J.W. (2009): Visualisieren – Präsentieren – Moderieren. 26. Auflage, Speyer.

Simon, B./Trötschel, R. (2007): Das Selbst und die soziale Identität. In: Jonas, K./Stroebe, W./Hewstone, M. (Hrsg.) (2007): Sozialpsychologie. Eine Einführung. 5. Auflage, Heidelberg, S. 147–185.

Thomas, A. (2003): Analyse der Handlungswirksamkeit von Kulturstandards. In: Thomas, A. (Hrsg.) (2003): Psychologie interkulturellen Handelns. 2. Auflage, Göttingen.

Thommen, J.-P. (2003): Glaubwürdigkeit und Corporate Governance. Zürich.

Voigt, C. (Hrsg.) (2009): Interkulturell führen. Diversity 2.0 als Wettbewerbsvorteil. Zürich/Offenbach.

Walter-Busch, E. (2008): Arbeits- und Organisationspsychologie im Überblick. Wien.

Watzlawick, P. (2009): Anleitung zum Unglücklichsein. München.

Watzlawick, P. (2010): Wie wirklich ist die Wirklichkeit? Wahn – Täuschung – Verstehen. München.

Watzlawick, P./Beavin, J./Jackson, D. (2007): Menschliche Kommunikation. Formen – Störungen – Paradoxien. 11. Auflage, Bern/Göttingen/Toronto/Seattle.

Weibel, A./Sauer, H. (2010): Dem Glück auf der Spur. Regeln in Firmen können auch glücklich machen. In: HR Today. Das Schweizer Human Resource Management-Journal. April 2010, S. 41.

Weick, K.E. (2001): Drop Your Tools! In: Bardmann, T.M./Grothe, T. (Hrsg.) (2001): Zirkuläre Positionen. Wiesbaden, S. 123–138.

Wüthrich, H.A./Osmetz, D./Kaduk, S. (2008): Musterbrecher. Führung neu beleben. 3. Auflage, Wiesbaden.

www.a2zpsychology.com/articles/kurt_lewin's_change_theory.php [14.7.2010]

www.lerndialog.uzh.ch/model/instruments/core.html [14.7.2010]

www.medialine.de/deutsch/wissen/medialexikon.php?snr=3258 [14.7.2010]

www.nzz.ch/blogs/betablog/bedrohte_kommunikationsformen_1.2626367.html [14.7.2010]

Stichwortverzeichnis

Die Autorin

Julia Hintermann ist Germanistin, Historikerin und Betriebswirtschafterin. Sie ist Autorin verschiedener Fachbücher und Artikel zu den Themen Kommunikation (insbesondere im beruflichen und interkulturellen Kontext), Motivation, Vertrauen und Führung. Beruflich ist sie als Dozentin in der Erwachsenenbildung sowie als Referentin und Trainerin in der internen Weiterbildung von Unternehmen und Verbänden tätig.

Die Autorin freut sich über Rückmeldungen und Anregungen unter: julia.hintermann@sunrise.ch

Weitere Bücher von Julia Hintermann aus dem Versus Verlag:

- Lust auf Kommunikation. Verstehen und verstanden werden in Beruf und Alltag
- Information und Kommunikation

Bibliografische Information der Deutschen Nationalbibliothek

Die Deutsche Nationalbibliothek verzeichnet diese Publikation in der Deutschen Nationalbibliografie; detaillierte bibliografische Daten sind im Internet über http://dnb.d-nb.de abrufbar.

Weitere Informationen zu Büchern aus dem Versus Verlag unter www.versus.ch

Umschlagbild und Illustrationen: Thomas Woodtli · Witterswil
Satz und Herstellung: Versus Verlag · Zürich
Druck: Comunecazione · Bra
Printed in Italy

ISBN 978-3-03909-202-4

VERSUS kompakt –
Business-Know-how für Smarte

Alle Bücher der Reihe **VERSUS kompakt**

Julia Hintermann

Ich kommuniziere – also bin ich!

Kommunikationsmodelle · Fallbeispiele · Praxistipps

ISBN 978-3-03909-202-4 · 144 Seiten · 2010

Frank Menzel

Einfach besser arbeiten

KVP und Kaizen – Kontinuierliche Verbesserungsprozesse erfolgreich gestalten

ISBN 978-3-03909-203-1 · 160 Seiten · 2010

Ulrich Fischer · Holger Regber

Produktionsprozesse optimieren: mit System!

Wichtigste Methoden · Beispiele · Praxistipps

ISBN 978-3-03909-200-0 · 176 Seiten · 2010

Markus Worch

Das kleine E-Mail-Buch
Dos and Don'ts im E-Mail-Alltag

ISBN 978-3-03909-164-5 · 128 Seiten · 2009

Tom Buser · Beat Welte

CRM – Customer Relationship Management für die Praxis

ISBN 978-3-03909-058-7 · 152 Seiten · 2006

VERSUS